铁血文库

斯大林格勒战役

THE BATTLE OF STALINGRAD

[法] 鲍里斯·洛朗◎著
金海波◎译

时代文艺出版社

图书在版编目（CIP）数据

斯大林格勒战役 / （法）鲍里斯·洛朗著；金海波译．—长春：时代文艺出版社，2015.12（2017.8 重印）
（铁血文库）

ISBN 978-7-5387-4877-2

Ⅰ.①斯… Ⅱ.①鲍… ②金… Ⅲ.①斯大林格勒保卫战（1942～1943）－史料 Ⅳ.①E512.9

中国版本图书馆CIP数据核字(2015)第219598号

出品人 陈 琛
产品总监 郭力家
责任编辑 方 伟
助理编辑 程 飞
装帧设计 孙 利
排版制作 尹 爽

斯大林格勒战役

[法] 鲍里斯·洛朗 著 金海波 译

出版发行 / 时代文艺出版社
地址 / 长春市泰来街1825号 时代文艺出版社 邮编 / 130011
总编办 / 0431-86012927 发行部 / 0431-86012957 北京开发部 / 010-63108163
网址 / www.shidaicn.com
印刷 / 三河市京兰印务有限公司
开本 / 710mm × 1000mm 1 / 16 字数 / 186千字 印张 / 14.5
版次 / 2015年12月第1版 印次 / 2017年8月第2次印刷 定价 / 42.80元

图书如有印装错误 请寄回印厂调换

目录 Contents

第一部分　弗里德里希·保卢斯生平

作为德国陆军元帅的弗里德里希·威廉·恩斯特·保卢斯是一个冷血将军？他是否缺乏战略远见？是否像他那个时代的人们所认为的那样优柔寡断？一般人都会简单地给出肯定回答：首先，他是斯大林格勒血战的始作俑者；其次，尽管知道终将战败，但是他却迟迟没有下令突围；另外，他所指挥的最强大的德军第6集团军于1942年至1943年间全军覆没于伏尔加河畔；最后，在这场战役中，他失去了25万多德军官兵，而他自己却向苏联红军投降，并在1957年去世前，一直受到苏联政府的优待。然而事实上，除了1942年5月份他主张的一次不合时宜的军事行动①未付诸实施之外，在两次世界大战之间一直到1943年，保卢斯都显示出了他真正的战略才智、强大的组织能力和协调能力、灵活调遣装甲部队的天赋，同时在战争行动中表现出了足够的沉着和坚定。

作为在第二次世界大战中唯一一位被俘的德军元帅，弗里德里希·威廉·恩斯特·保卢斯一直是一个饱受争议的人物。时至今日，在希特勒手下常被人提起的众多军事将领中——诸如埃里希·冯·曼施坦因（Erich von Manstein）、海因茨·威廉·古德里安（Heinz Wilhelm Guderian）、埃尔温·隆美尔（Elwin Rommel）等——人们总是会把保卢斯和斯大林格勒战役联系起来，而且他还是被西方历史文献记载最多、被史学家们所贬诋的那个人。俗话说人无完人，因此，保卢斯并非他那个时代的救世主。

① 是指第二次哈尔科夫战役。这是一场异常惨烈的战役，对保卢斯来说，这也是他第一次接受大战考验。参见大卫·格兰茨（David Glantz）：《1942年的哈尔科夫：一场军事灾难性剖析》，伦敦，伊恩亚伦出版社，2010年。

第一章　步入“上流社会”并参加第一次世界大战

弗里德里希·威廉·恩斯特·保卢斯，1890年出生于黑森布赖泰瑙镇的一个平民家庭[①]。与日后的大多数德军高级军官相比，他并没有军事世家的背景。他父亲是位会计，供职于保卢斯外公负责的一家破产清算机构。这是一个对君主制政体忠心耿耿的保守家庭。

1909年，19岁的保卢斯在卡塞尔的高中毕业之后，其家人希望他做一个普通的职员，但是保卢斯对此毫无兴趣，于是决定投身军队：他雄心勃勃地去报考赫赫有名的皇家海军军官学校，但由于他出身平民，因而未被录取[②]。

---

① 许多历史学家，包括其中那些二战期间苏德战争的专家，都错误地把富有德国贵族特征的“冯”加在他的名字里。

② 同年，后来的海军总司令、第三帝国国家元首卡尔·邓尼茨（Karl Dönitz），也由于出生于中产阶级家庭而未被皇家海军军官学校录取，后就读于弗伦斯堡海军学校。参见圭多·诺普:《希特勒的帮凶》，巴黎，葛兰西出版社，1999年，第281页。

其后，保卢斯在黑森的马尔堡大学修读了一年的法学，不久也被淘汰了。屡遭挫折的保卢斯最终在1910年2月进入第111步兵团成为一名候补军官，入伍第二年即晋升少尉。他在1912年7月4日与罗马尼亚贵族埃列娜·罗塞蒂·索列斯库共结连理。在索列斯库兄长们的帮助下，保卢斯在步兵团平步青云。这位“仪表堂堂”且“颇具才华”[①]的年轻军官就这样名正言顺地步入了上流社会，并在这里度过了他无忧无虑的战前生活。

1914年，第一次世界大战爆发。保卢斯以第111步兵团第3团营副官之职开赴前线参加第一次世界大战，但不久后就因为疾病而撤回参谋部，成为军方办公人员。直至1918年战争结束，保卢斯因作战表现突出而晋升为上尉，并获得一级铁十字勋章。

① 参见瓦尔特·戈利茨（Walter Görlitz）：《保卢斯与斯大林格勒》，巴黎，阿尔戴姆费耶德出版社，1961年，第18页。

第二章　一战后：耻辱与希望之间

1918 年，德意志第二帝国的垮台是对保卢斯的真正打击。更糟糕的是德国国内处处混乱不堪，革命者们试图削弱政府权力。于是保卢斯决定加入自由兵团，这是一个准军事化的组织，该组织时常发起针对共产党的武装行动。保卢斯是否一度赞同德国民族主义者所谓的“背后放冷箭”的观点，把一战的失败归咎于后方补给部队的不力上来？无论他如何看待一战失败的原因，他都痛恨魏玛共和国政府在巴黎和会上把德国给出卖了[①]。1919 年 6 月 28 日，《凡尔赛和约》签订之后，保卢斯像他的那些德国同胞一样，难以接受德国被该条约彻底限制。而且很多德国人对《凡尔赛和约》的内容断章取义，于是许多普鲁士士兵以胜利者的姿态在首都柏林游行示威。

---

① 1919 年 2 月至 6 月，在巴黎举行为期 5 个月的“巴黎和会”，并签订了处置德国的《凡尔赛和约》。这次“和会”在历史上是非常独特的。参见玛格丽特·麦克米兰（Margareth MacMillan）:《和平的缔造者们》，巴黎，袖珍书籍出版社，2001 年。

根据《凡尔赛和约》的限制，德国只能拥有一个人数仅为十万且全由志愿兵组成的陆军部队。1919 年，保卢斯就在驻卡塞尔的国防军第 2 集团军司令部任职。他白天上班，晚上就写写文章。他在这些文章里阐述了他对利用机械化部队和装甲部队的一些看法。在所有人看来，保卢斯是一个严肃且勤恳的军官，总是衣着笔挺。尽管瓦尔特·戈利茨的描述有时显得屈尊俯就，但是他仍然会树立保卢斯光辉的一面：

> 这位资深副官的典型形象是：英俊的长相、无可挑剔的着装和外表；待人谦逊，彬彬有礼，颇受人喜爱；人脉甚广，从不树敌；极具军事天赋且好学至极；酷爱在地图或沙盘上进行战术演示。在决定下一个命令之前，他会充分利用其无可否认的军事天赋多方位权衡利弊……在草拟命令后，他会不断思索，对其抛光、润色，直到让他完全满意为止[①]。

保卢斯进入斯图加特 13 步兵团参谋部，在这里他认识了一个后来非常著名的军官——埃尔温·隆美尔。这两个人是一对天生冤家：保卢斯行事稳重、深思熟虑，但优柔寡断；而隆美尔却果断、雷厉风行，固执己见。

由于深受上级赏识，保卢斯于 1931 年秋被派往柏林，在陆军指挥部讲授军事历史和军事战术。由于《凡尔赛和约》禁止德军扩大军队建设，这个“指挥部”实际上是一所隐蔽的军事学校[②]。保卢斯主张陆军部队应该

---

① 参见瓦尔特·戈利茨：《保卢斯与斯大林格勒》，巴黎，阿尔戴姆费耶德出版社，1961 年，第 26 ~ 27 页。

② 陆军部队的伪装并非特例。海军，即皇家海军，也就是后来的帝国海军，也伪装成“海军政治与组织部”。

建立现代化的装甲部队和机械化部队。当德国政府开始单方面修订《凡尔赛和约》的时候，他就开始通过那些特别忠诚的支持者来实施他建立现代化装甲部队和机械化部队的想法。[①]

① 与事实相反的是，并非在希特勒担任总理后德国才开始秘密地重整军备。魏玛共和国政府时期，德国就已开始单方面修改《凡尔赛和约》的内容，因此不是希特勒单方面撕毁了《凡尔赛和约》。在国防建设和外交方面，希特勒仅仅是延续了前任政府的既定政策而已。参见阿兰·泰勒（Alan J. P. Taylor）:《二战的根源》，纽约，西蒙与舒斯特图书出版公司，2005 年，第 69 页。

第三章　希特勒当权：保卢斯与军队的现代化

1933年，曾在一战时服役的阿道夫·希特勒出任德国总理，被时任德国元首的保尔·冯·兴登堡（Paul Von Hindenburg）总统重用。希特勒出任德国总理后，通过手中的兵权进一步巩固自己的权力。同时承诺给予全国军队所有的士兵以优越的地位："你们是一支卓越的部队，也是一支光荣的部队！你们永远是令我们骄傲的战士，同时也是我们政党的忠诚同胞……"①

时至今日，我们仍然很难弄清保卢斯对希特勒及其纳粹党的真实想法。他似乎不是一个狂热的纳粹分子，但是他却希望新任国家总理能够兑现把强军作为新政府首要任务的诺言。由于有着强军的共同目的，希特勒逐渐对他信任有加并委以重任。作为回报，保卢斯花费大量心血对军队进行调整和部署，以加快加强部队的重建工作。对于《凡尔赛和约》被单方

① 参见《希特勒·克里格：保卢斯——囚犯》，圭多·诺普电视纪录片，德国电视二台，1998年。

面不断修订，保卢斯感到非常庆幸。

1934 年，保卢斯担任第 3 摩托化运输营指挥官。第 3 摩托化运输营即后来的侦察部队装甲营前身，也就是后人所熟知的德军装甲师，该装甲师曾在二战期间为德军的闪电战立下了赫赫战功。

然而，军官团与纳粹党之间这种建立在承诺之上的良好关系不久就出现了分裂，最初的威胁来自于纳粹一个准军事组织——冲锋队。冲锋队参谋长恩斯特·罗姆（Ernst Röhm）要求把拥有 200 万人的冲锋队与国防军陆军部队合并，但却遭到时任陆军将军的瓦尔特·冯·布劳希奇（Walter Von Brauchitsch）（此人后来晋升为陆军总司令）的反对："重整军备是一件极其严肃、要求极高的工作，岂能让一群投机分子、酒鬼和基佬[①]混进来？"希特勒在出任总理后，期望借助已经掌握的军队权力来巩固自身势力，以期合法地成为已经日暮西山的冯·兴登堡总统的继任者。于是他向军队将官们承诺，将提高陆军和海军实力。至此，德国国防军和这位独裁者之间的协议就此确定。这种看似牢不可破的关系一直维系到 1944 年 7 月 20 日对希特勒的暗杀事件发生才结束，而此次对希特勒实施暗杀的正是在 1934 年 6 月 30 日对恩斯特·罗姆的冲锋队进行门户清理的国防军军官。

1934 年 6 月 30 日，保卢斯与他的第 3 摩托化侦察营同所有部队一起处于警戒状态：有风声说恩斯特·罗姆的冲锋队密谋武力政变夺权——事实上这一切都是纳粹党故意捏造的。1934 年 6 月 30 日深夜至 7 月 1 日，罗姆和其他的冲锋队头目均被国防军枪决。保卢斯会相信这个骗人的把戏吗？当然不会！但是在他看来，灭掉冲锋队这群乌合之众确实是件好事。

① 参见威廉·劳伦斯·夏勒（William Lawrence Shirer）：《第三帝国》，巴黎，证券出版社，2006 年，第 235 页。恩斯特·罗姆的同性恋倾向是众所周知的，包括希特勒本人均知此事。

1935年，保卢斯迎来了他人生中的一次决定性转折点：晋升为上校，接替海因茨·古德里安出任机械化部队司令鲁茨的参谋长。古德里安和保卢斯都极力主张建立现代化的帝国军队和装甲部队，二人后来在二战爆发前不久还进行了职位轮换。保卢斯的工作得到国内外同行的认可，甚至苏联也把自己军队里的精英派到德国来接受他的培训，而且对其赞不绝口。苏联红军创始人托洛茨基（Toukhatchevski）元帅是一位出色的军事家、苏联装甲部队的创立者，但后来因反对斯大林而被放逐他国并被苏联特务暗杀。他对保卢斯有这样一段评价："倘若德国不再需要保卢斯，那我们就把他争取过来吧[①]。"

1938年，保卢斯仍然是平步青云：升任德国第16摩托化军参谋长，负责指导德国的4个基本轻装师的训练与扩充。1939年晋升为少将，成为第4集团军参谋长。作为一个颇具野心的人，保卢斯深知需要通过展示自己的军事才华，才能不断晋升。在1939年德军入侵波兰第二共和国的德波战争胜利后，他晋升为第10集团军[②]的总参谋长，听命于瓦尔特·冯·赖歇瑙（Walter von Reichenau）元帅。时任第10集团军首领的冯·赖歇瑙是一位狂热的纳粹分子，有着极其丰富的军事生涯。保卢斯在参谋部从事的烦琐但有条不紊的工作，是对一向作风蛮横的冯·赖歇瑙工作的完美补充，其实后者也是保卢斯在后来不断晋升的支持者和靠山。保卢斯在工作上一丝不苟且极具远见，从不会让工作出现纰漏。而在许多官兵看来，冯·赖歇瑙却是一个疏懒的司令，但就是这样一位疏懒的司令官却深受元首青睐。

---

① 此句出自《希特勒·克里格：保卢斯——囚犯》，圭多·诺普电视纪录片，德国电视二台，1998年。

② 第10军团在攻占华沙后改称第6军团，该军团在1942年～1943年的斯大林格勒战役中被彻底歼灭。

第四章 波兰战役与西线战役

1939年9月，德军入侵波兰。第10集团军是波兰战役的先遣部队，并给此次战役取名为“资本的征服”。尽管波兰实现了部分军队的机械化，但是仍然很孱弱。面对这样的敌人，德军在战场上推进很快。因为希特勒的部队仍然处于磨合期，所以对于所有人来说，这场闪电战的胜利却掩盖不了德军出现的严重后勤保障问题。但保卢斯在这次战役中累积了一定的实战经验，为日后他担任东线要职提供了不可或缺的条件。

正好在半年之后，当德军发起西线突击（荷兰、比利时、法国）时，比利时军队于1940年5月28日向保卢斯的部队不战而降。同年6月22日，法国也与德军签署了停战协议。仅仅用几个星期的时间就攻克了法国这个宿敌，这让保卢斯感到欣喜异常，也让那些对此次战役持怀疑态度的人哑口无言。希特勒重赏此次参战的所有将官，同时也俘获了人心。一位参加过此次战役和斯大林格勒战役的士兵这样写道：“对法战争之后，希特勒新任命一大批陆军元帅，并提拔、重用无数军官，使得德军高级将领感受到无尽的荣耀以及他们对国家元首的不可或缺[①]。”希特勒还专门设立了行贿基金，由他的亲信、帝国总理府部长汉斯·海因里希·拉默斯（Hans Heinrich Lammers）去拉拢、腐蚀军队的高级将领。发给每个将领的金钱数目因人而异，因职位高低而异，而且全部免税。这项刺激政策实施之后，军官们对希特勒和帝国政府显示出极高的忠诚[②]。在西线战役结束之后，冯·赖歇瑙晋升上将。在他的推荐下，保卢斯被授予第6集团军司令官一职，随后，对保卢斯的各种嘉奖与犒赏纷沓而至。直到1942年4月德军在斯大林格勒战役中失败之后，保卢斯被苏联红军俘获，希特勒才停止对他犒赏，并公开指责他把第6集团军葬送在伏尔加河畔[③]。保卢斯指挥的第6集团军在1940年7月对英国的作战中（行动代号："海狮"计划）实行佯攻，但是随着希特勒于1940年9月初宣布推迟"海狮"计划，保卢斯的第6集团军此次任务部署随即取消。

① 参见约阿希姆·维德（Joachim Wieder）：《斯大林格勒或者士兵的责任》，巴黎，阿尔宾米歇尔出版社，1983年，第243页。

② 1940年5月，由于批评纳粹党入侵波兰，约翰内斯·布拉斯科维茨（Johannes Blaskowitz）被希特勒革去陆军指挥官的职务，并因此而再未得到提拔。

③ 参见伯努瓦·勒梅（Benoît Lemay）：《埃里希·冯·曼施坦因》，巴黎，佩兰出版社，2010年，第243页。

第五章　保卢斯备战侵苏战争

西线战役结束后，保卢斯重新对部队进行部署。1940年7月，由于希特勒发现征服英国的希望渺茫，于是把注意力转向东方，加紧准备对斯大林领导下的苏联发动进攻。9月，弗朗茨·哈尔德（Flantz Halder）将军召见保卢斯，并任命他为副官，同时兼任第一军需总监。保卢斯在代号为“巴巴罗萨”计划的侵苏备战中负责后勤补给工作，他在这个要职上运筹帷幄，尽情施展他的军事才能。保卢斯这个职位的工作非常繁杂，因为他既需要处理分别来自陆军最高统帅部①和国防军最高统帅部的各项命令，还得协调他们之间的分歧。难道正如纳粹德国国民教育与宣传部部长保罗·约瑟夫·戈培尔（Paul Joseph Goebbels）所宣传的那样，进攻苏联是因为苏联政权的残暴，同时也因为苏联红军正在准备攻击德国吗？保卢

① 它与国防军部队最高统帅部之间的竞争由来已久。自1941年6月起，陆军部队最高统帅部就开始独立负责东方战线进攻，国防军部队最高统帅部负责其他战线。

斯会相信吗？没有任何证据和资料能够证实保卢斯相信纳粹党的宣传。然而，这位杰出的参谋长仍然尽其所能，尽心尽责地投入到这场大规模战争的准备工作中去，“保卢斯为纳粹德国在侵苏战争中带来了操纵和部署大规模装甲部队的宝贵知识。”[①]

在哈尔德的领导下，保卢斯指挥了几场小规模战役，这几场小规模战役的胜利都是建立在苏军小范围抵抗以及苏联经济迅速崩溃的前提下。他一向谨小慎微且颇具远见，时常以军事参谋的身份警示德军防止苏联红军反扑。他与其他德军将官的看法一致，认为只需要几周的时间就可以彻底打败苏联红军，从而让整个苏联臣服。保卢斯从不怀疑这场战争的最后结果——德军必胜。在 1940 年 12 月 18 日，希特勒签下了“21 号指令”，批准了对苏联的作战计划，要求德军最高统帅部准备“快速地击倒苏联”，并且制定侵略的预定时间为 1941 年 5 月 15 日。

为了能够顺利攻克苏联红军，希特勒四处拉拢盟友以扩充德军的战斗人数。由于保卢斯极具战略眼光，他被任命为外交联络官，并被派往芬兰、匈牙利和罗马尼亚等三个[②]国家商讨结盟事宜。然而，由于贝尔格莱德发生政变，因此南斯拉夫于 1941 年 3 月退出轴心国。保卢斯与匈牙利商定，允许德军经过匈牙利，向苏联进攻。

在签署对苏作战的“21 号指令”前一周，轴心国意大利在北非西迪拜拉尼对英国的战争中战败。由于英国的绥靖政策，英国仍然让德军石油之类的军需品从苏伊士运河和埃及通过。尽管希特勒此刻把全部精力都放在“巴巴罗萨”行动计划上，但是为了防止轴心国全面失利，于是派遣保卢斯与墨索里尼 (Benito Mussolini) 会见，商榷具体解决事宜。由年轻气盛

① 参见让·洛佩兹（Jean Lopez）:《处于战争边缘的斯大林格勒》，巴黎，经济出版社，2008 年，第 199 页。

② 只有罗马尼亚和匈牙利在 1940 年签署了三国公约。

的埃尔温·隆美尔将军率领小部分德国非洲军通过向日葵行动被派遣至北非，以增援意大利军队。向日葵行动的命令是在1941年2月6日由国防军最高指挥部发给陆军总司令部的，其目标是让隆美尔阻止盟军把意大利人赶出该地区。尽管隆美尔仅仅被命令维持战线，但是1941年3月24日从阿格海拉发动的一次装甲侦察很快变成了一场全面攻势。三四月间，盟军被迫后退并且指挥人员被俘。轴心国攻克塞卢姆和战略要地哈法雅隘口，隆美尔防守这些阵地。但由于隆美尔在塞卢姆的前沿阵地位于通往的黎波里的漫长补给线的终点，并受到托布鲁克守军的威胁，这引起了哈尔德的担心。于是他决定调派保卢斯赴北非进行调查并缓和隆美尔的战争欲望。5月份，保卢斯参加了意德联军夺取托布鲁克市的第一次尝试行动。他之后多次谏言隆美尔，要求他展开合理军事行动并绝对服从陆军司令部的指挥。后来，保卢斯又被派往法国参加一场大规模的牵制攻击行动——鲨鱼行动，目的是转移苏联的注意力。至此，“巴巴罗萨”计划的准备工作彻底完成。

第六章 “巴巴罗萨”行动

轴心国选在1941年6月22日的早上4时45分展开攻势，使得保卢斯在地图上演练的战争成为现实。20世纪这两个极权主义意识形态之间的战争异常猛烈，成为人类历史上最血腥的战争。赖歇瑙将军于1941年10月对第6集团军下达一道密令：“东方战线的德国士兵不仅仅是战争规则中的士兵，而且是国家意识形态的承载者，是无情的、猛兽般的复仇者。通过这次‘复仇’行动，可以让整个德国和民族从种族根源上联系起来。”①

在“巴巴罗萨”行动的前几个月，保卢斯周旋于陆军最高指挥部和三个集团军群（北方集团军群、中央集团军群和南方集团军群）之间，分别担任着不同的联络任务。同时，他痛心地发现德军面临着严重的后勤补给问题。

① 参见瓦尔特·冯·赖歇瑙：《东线部队的有关命令》，英国文献翻译局，1941年10月。来源：《纳粹的阴谋和侵略》，第八卷，华盛顿，美国政府印刷办公室，1946年，第572页～582页。

尽管保卢斯知道这是一场非同寻常的战役，但是哈尔德却是个乐天派，仍然对战争持乐观主义态度。与德军参谋部的预计刚好相反的是，苏联红军是一个非同一般的对手，在苏德战线上有着固若金汤的守备。他们部队装备有新式 T-34 型坦克，这种坦克的性能比德军 III 型和 IV 型坦克先进很多。德国南方集团军群总司令冯·赖歇瑙经过几番勘察后得出如下结论：如果苏军大量制造并使用 T-34 型坦克，那么帝国军队将失去东线战场[①]。

经过前几个月的战斗，尽管苏军在战斗中严重减员，但是德军后勤补给线路过长，德军发现在西线战役中惯用的闪电战战术，用在东线战场发挥的作用似乎不大。德军纵然在战略战术上占优势，却不能控制整个战场，实现彻底肃清敌人的目的。保卢斯开始怀疑苏联红军是否能被彻底打垮。从 7 月份开始，闪电突击速度的放慢给德军统帅部带来了许多问题。保卢斯于 8 月 6 日进入南方集团军群司令部，协调制订下一步作战计划。是应该继续前进攻打莫斯科，还是先攻打莫斯科的两个侧翼：北边的列宁格勒和南边的顿河畔罗斯托夫？北边的列宁格勒是布尔什维克的老巢，而且是波罗的海的门户；南边的顿河罗斯托夫是乌克兰的粮仓，位于顿巴斯工业圈和高加索石油管线上，这两个城市的战略意义均非同小可。起初，保卢斯认为应该直取作为政治首都、钢铁基地以及工业中心的莫斯科，而希特勒却下令先拿掉两个侧翼，于是保卢斯转而支持希特勒的作战计划。希特勒的作战决定与“巴巴罗萨”行动计划完全一致：进攻莫斯科的两个侧翼，可以吸引更多苏军前来解围，这样就可大大降低中央集团军群的战斗压力[②]。

---

① 《希特勒·克里格：保卢斯—囚犯》，圭多·诺普电视纪录片，德国电视二台，1998 年。

② 德军在历史空前的基辅围歼战中歼灭六十多万苏军。参见大卫·格兰茨访谈：“1941 年的莫斯科”，载于《轴心国和同盟国》，第 17 期，2009 年 11 月～ 12 月刊，第 48 ～ 49 页。

“巴巴罗萨”行动在1941年秋以彻底失败而告终。于是希特勒在1941年9月6日发布了第35号训令，代号“台风”行动，计划先将莫斯科正面的苏军分为两个包围圈加以歼灭，然后顺势攻占莫斯科。进攻方法仍像战争初期那样，同时从三个方向给苏军以决定性打击，但是战争取得的结果仍然不容乐观。苏军凭借极其顽强的抵抗和熟悉的自然条件，顶住了德军进攻，并于1941年12月5日开始转入反攻。对于保卢斯来说，德军在东线的失利是他军人生涯的转折点，同时也使他借此机会真正步入上层军官社会。

第七章　保卢斯任第6集团军司令

在攻打莫斯科战役战败后，希特勒迁怒于一些德军指挥官，认为这些指挥官是德军内在的敌人，是极其无能且不忠的军官，觉得他们一无是处①。于是对军队进行整顿：南方集团军群总司令格尔特·冯·龙德施泰特（Karl Rudolf Gerd von Rundstedt）由于未能按照命令有秩序地撤退被撤职，由冯·赖歇瑙接任。赖歇瑙于 1942 年 1 月因心脏病去世后，该职位由费多尔·冯·博克（Fedor von Bock）继任。陆军总司令瓦尔特·冯·布劳希奇同样被免职，由希特勒亲自兼任。

1941 年 12 月 3 日，被任命为德国南方集团军群总司令的赖歇瑙元帅迅即向希特勒推荐保卢斯接替其第 6 集团军司令之职。长期渴望得到野战指挥职务的保卢斯对此项任命甚感荣幸。1942 年元旦，保卢斯晋升为装甲

① 伊恩·克肖（Ian Kershaw）:《希特勒》，伦敦，企鹅出版社，2009 年，第 700 页。

兵上将，5 天后接任新职。这个任命对保卢斯来说非常意外，因为他一直在参谋部任职，这是他第一次出任陆军部队最高指挥官。另外，德军许多官兵都怀疑他并非最合适的人选。连他后来的顶头上司冯·博克也觉得他相当“平凡”，不具备指挥这场“神圣的战争”的才能[①]。

担任第 6 集团军司令后，保卢斯面临着极度严峻的战争形势：苏联红军已把德军击退到顿河罗斯托夫的西边，现正试图把他们往第聂伯河方向驱赶；且保卢斯部队正面临着长达三个月的红色风暴，部队的后勤补给也是在零下 40 摄氏度的酷寒中进行。1942 年 3 月，苏联红军第 38 军攻破德军东部哈尔科夫防线和北部顿涅茨河防线，在 4 月份冰雪解冻和泥泞季节到来之前成功建立了自己的根据地。

① 瓦尔特·戈利茨：《保卢斯与斯大林格勒》，巴黎，阿尔戴姆费耶德出版社，1961 年，第 79 页。

第八章　战火考验

希特勒认为，对高加索地区发动一轮新的进攻，切断苏军在该地区的石油资源，将会给苏军致命打击，从而获得东线战役的胜利，同时还可以迫使英国进行谈判[①]。但是，作为陆军司令部总参谋长的哈尔德对此持不同意见。

1942年4月5日，希特勒签署了第41号训令，即著名的“蓝色”方案。鉴于德军经历漫长的寒冬后已无力发动全线进攻，希特勒打算集中兵力在战线南翼发动局部攻势，攻打克里米亚地区、伊久姆地区以及顿涅茨以北的苏军，以夺取高加索的石油，并切断苏联与美英等盟国联系的物资供应线[②]。一旦进攻取得成功，德军将在夏季发起总攻，一举占领苏联南部地区和高加索地区，然后向北攻克列宁格勒。在三个集团军群中，只有南

---

① 伊恩·克肖:《希特勒》，伦敦，企鹅出版社，2009年，第710页。

② 在1941年9月至10月期间，德国空军部队派出大量侦察飞机飞抵高加索地区和斯大林格勒上空，对这两个地区进行航拍，并制作了精确的地图，为后边的战役做好了充分准备。参见大卫·格兰茨:《斯大林格勒战役三部曲（第1卷）：苏德之战之斯大林格勒战役前夕（1942年4月～8月）》，劳伦斯，堪萨斯大学出版社，2009年，第12页。

方集团军群投入到战斗中去了。“蓝色”方案先发起两次预备性进攻，目的在于夺取迈科普、格罗兹尼和巴库地区的油田。

1942年春，苏联红军在哈尔科夫战役中获得胜利，让斯大林对胜利充满了希望。曾在第一次哈尔科夫战役中被保卢斯的第6集团军大败的谢苗·康斯坦丁诺维奇·铁木辛哥（Semyon Timoshenko）元帅，在这次哈尔科夫战役中对德军发起大规模的进攻。这次偷袭使得保卢斯和冯·博克失去了原有的沉着和冷静。5月12日早上6点30分，苏军在哈尔科夫北边用火炮对保卢斯的第6集团军进行了毁灭性的轰击。保卢斯大惊失色，匆忙向冯·博克发急电请求支援，并指出“第6集团军是在用生命战斗”[①]。哈尔德终于说服希特勒授权冯·博克元帅使用攻击力极强的装甲部队进行还击。由此，从5月14日起，苏军的猛烈进攻才被阻止住，但在南线的苏军此时已切入德军防线内15公里，并占领哈尔科夫。保卢斯向希特勒建议，调遣实力强大的第1集团军装甲部队配合他的第6集团军，对苏军进行围歼。但是，希特勒并未采纳保卢斯的建议，而是于5月17日组织德军进行反攻。保卢斯遵从希特勒的命令，在哈尔科夫一带围歼20万苏军。尽管此次战役血腥异常，但是使得德军取得了第二次哈尔科夫战役的全面胜利，保卢斯因此而获得骑士十字勋章。

东线战役中，每场战斗都异常惨烈，这让保卢斯经受着巨大的折磨和考验。他的身体每况愈下，并染上了痢疾。从那个时候起，他的面部肌肉痉挛，这个毛病此后一直陪伴他到去世。在经历了夏季南方攻势之后，保卢斯与纳粹主义分子也拉开了距离。他开始有选择性地执行最高统帅部的命令，同时让其部队提高警惕，避免伤及普通民众，特别是犹太人。他的这项决定让冯·赖歇瑙部下的犹太士兵士气大增。

---

① 引自“冯·博克日志”。厄尔·兹默克（Earl Ziemke）与麦格纳·鲍尔（Magna Bauer）：《从莫斯科到斯大林格勒：东线的决定》，纽约，希波克里尼出版社，1989年，第273页。

第九章　发兵斯大林格勒

第二次哈尔科夫战役结束后，冯·博克调遣保卢斯的第6集团军实施“蓝色”方案的最后两场战役。保卢斯的“威廉”行动始于1942年6月10日，他原设想发起一次经典的闪电战来进攻苏军，但是由于效率极高，于是把驻扎在沃尔昌斯克的苏联西南集团军①也彻底围歼了。尽管倾盆大雨让道路变得泥泞不堪，但是保卢斯的部队仍然于6月15日包围了苏联东南集团军主力部队，置苏联红军于非常危险的境地。在1942年4月至6月间，苏军在从南到北的全部战场都遭遇了致命的失败。德军借机启动“蓝色”方案开始进行以高加索为目标的大规模攻势。

“蓝色”方案于6月22日正式发起。由于受滂沱大雨的影响，德军右翼保卢斯第6集团军于30日才从哈尔科夫东北发起了进攻，以斯大林格

① 每个集团军都是有不同的单位组成的，分别是：排、连、营、团、师、军、集团军。苏联的集团军是苏军最大的军事编制单位，与德军的集团军编制基本一致。

勒为目标，向东南挺进。“如果用几句话来描述这个时期德军的战绩，那就是自6月下旬以来，德军与苏军之间的每场战斗势如破竹，节节胜利，毫无阻碍……”①

保卢斯部不断向斯大林格勒推进，步步为营，在每次交锋中都彻底歼灭了抵抗的苏军。但是求胜心切的希特勒为了获得更大的胜利，决定把南方集团军群分为A、B两个集团军群：西格蒙特·威廉·利斯特（Siegmund Wilhelm List）元帅的A集团军群以埃瓦尔德·冯·克莱斯特（Ewald von Kleist）上将的第1装甲集团军为左翼，鲁夫上将的第17集团军为右翼，分别从哈尔科夫南面和甘罗格北面向东和东南进攻，占领顿河下游的罗斯托夫，向高加索进军；博克元帅的B集团军群以赫尔曼·霍特（Hermann Hoth）大将的第4装甲集团军和马克西米连·冯·魏克斯（Maximilian von Weichs）大将的第2集团军为左翼，保卢斯上将的第6集团军为右翼，分别从库尔斯克南面和哈尔科夫北面向东和东南方向突击，占领顿河上游的沃罗涅日，向斯大林格勒前进。7月18日，保卢斯的第6集团军渡过齐尔河，进入直抵斯大林格勒的顿河大弯曲部②。

一周后，在高加索方向的克莱斯特第1装甲集团军渡过了顿河，占领了罗斯托夫，鲁夫的第17集团军则占领了伏罗希洛夫格勒。希特勒大喜，因为高加索地区门户顿开，他坚信红军肯定会失去战斗力。从那时起，战况可这样进行扼要概括：希特勒认为斯大林格勒战役无须那么多兵力，为保证军队的反应速度，遂于17日命令霍特第4装甲集团军从斯大林格勒方向南下，转隶A集团军群，以支援克莱斯特第1装甲集团军强渡顿河下游。并于7月23日签署第45号训令。从希特勒签署45号训令的那一刻

① 参见瓦尔特·戈利茨：《保卢斯与斯大林格勒》，巴黎，阿尔戴姆费耶德出版社，1961年，第85页。

② 苏联史学资料记载的斯大林格勒保卫战就是从这一天开始算起的。

起，就注定了保卢斯和他的第6集团军的命运[①]。由于当前A、B两个集团军群应该从三个方向发起进攻（沃罗涅日-斯大林格勒方向以及高加索地区的两个方向），他违反了“一个集团军，一个前进轴”的原则。保卢斯意识到自己力量被削弱了，现在处于进退两难的境地。由于缺少燃料和军需品，他的第6集团军不得不停止了前进的步伐。事实上，“希特勒发布的第45号训令是导致德军在斯大林格勒战役中失败的一个重要原因[②]”。

保卢斯的第6集团军于7月18日顶着烈日和酷暑，从顿河大弯曲部开拔，向斯大林格勒进发。7月19日，第6集团军得到扩员：第44装甲军（从霍特的第4装甲集团军中调拨出来）和第51军相继入编。至此，保卢斯的第6集团军拥有18个师（25万人），7500门火炮和迫击炮，740辆坦克和第4空军部队的600架飞机，成为德军装备最强大的集团军。然而，由于希特勒将补给的优先权给了向高加索进军的A集团军群，7月的最后一周，保卢斯的第6集团军因缺少足够的补给，被迫在顿河大弯曲部转入防御态势。在德军统帅部，哈尔德也忧心忡忡：保卢斯的身体羸弱，指挥不力，所以导致第6集团军实力逐渐减弱，特别是在决定性的大战役中，很有可能会被敌人一举歼灭。随着战线向伏尔加河畔的斯大林格勒推进，保卢斯意识到他的侧翼很薄弱。因为希特勒始终坚信这场战争会取得最终的胜利，因此当保卢斯在发给德军统帅部的报告中提及此事时，却没有引起统帅部重视。8月19日，他对纳粹德国国民教育与宣传部部长戈培尔说道：只需一周就可攻克斯大林格勒。8月23日，保卢斯跨过顿河，向斯大林格勒发起了猛攻。

---

① 直到签署45号训令，攻打斯大林格勒还未提上议事日程。对于哈尔德来说，斯大林格勒是“不可能从军事上占领的”。

② 参见让·洛佩兹：《处于战争边缘的斯大林格勒》，巴黎，经济出版社，2008年，第119页。

第十章　斯大林格勒之战

保卢斯在8月16日这天就宣布了他的攻城作战计划：在空军的掩护下，从地面快速突袭。第6集团军第14装甲军在斯大林格勒以北突袭至伏尔加河，企图从北面沿伏尔加河实施突击夺取该市，第51军试图从斯大林格勒西郊发起进攻。汉斯·杜尔（Hans Doerr）在其1955年出版的著作中指责保卢斯使用第14装甲军在北边猛攻，因此对围歼斯大林格勒西边的苏联第62、64集团军（共计约8万人）却错失良机①。事实上，保卢斯别无选择：当霍特第4装甲集团军南下后，斯大林格勒方向的进攻部队只剩第6集团军，而第6集团军的行动却有赖于第4装甲集团军的合作。他的部队连续作战，已经精疲力竭，再加上后勤补给跟不上，他已无法关上这个“大笼子”。保卢斯仍然保持着清醒的头脑，希特勒此时又把

① 参见汉斯·杜尔：《斯大林格勒战役后的战役——尝试行动》，达姆施塔特，梅特勒出版社，1955。

霍特的第 14 装甲集团军从南部调回来驰援保卢斯。当第 14 装甲军指挥官古斯塔夫 · 安东 · 冯 · 维特斯海姆（Gustav Anton von Wietersheim）请求向顿河方向迂回包抄苏军时，保卢斯冷静地拒绝了。于是在德国空军的掩护下，第 14 装甲军绝地反击，在苏军的战线上撕开一条口子。22 日突破苏联第 62 集团军在韦尔加奇和彼斯科瓦特卡地段的防线，强渡顿河，占领了卡拉奇（Kalatsch），23 日推进到斯大林格勒北郊的叶尔佐夫卡地域，来到伏尔加河畔，将苏联第 62 集团军与斯大林格勒方面军主力分割开来；霍特第 4 装甲集团军从南面的阿勃加涅罗沃地区向北进攻，突破了苏联第 64 集团军的防御，29 日进至城南的加夫里洛夫卡地域，其前锋已推进到京古塔车站。9 月 3 日，保卢斯第 6 集团军右翼与霍特第 4 装甲集团军左翼在旧罗加奇克地区取得了联系。但是由于双方长时间未联合作战，缺乏协同战术，最终导致 8 万苏军从保卢斯的指缝间溜走。

9 月 4 日，第 48 装甲军（隶属第 4 装甲集团军）和第 51 军向斯大林格勒市中心推进，在城外与苏军进行了异常激烈的交火。9 月 10 日，第 48 装甲军推进至斯大林格勒城南的伏尔加河边。至此，斯大林格勒彻底被德军包围。守城的苏联第 62 集团军司令瓦西里 · 伊万诺维奇 · 崔可夫（Vasily Ivanovich Chuikov）中将率部撤回城内防御作战，并鼓励其官兵："这场战役不过如此，我们将很快重返伏尔加河。"德军并没有像希特勒所期望的那样，在 8 天内攻破斯大林格勒，于是他又一次迁怒于一些德军指挥官。9 月 24 日，希特勒撤了哈尔德德军最高统帅部总参谋长的职务，这对保卢斯来说犹如当头一棒，因为这让他失去了一位良师益友。曾有一段时间，传闻他将接替哈尔德担任德军最高统帅部总参谋长的职务。甚至有人预料他会出任罗马尼亚独裁者安东内斯库的联络官，协助对罗马尼亚军队进行训练，以掩护驻扎在顿河与伏尔加河之间的第 6 集团军侧翼。然而，保卢斯仍然留守第 6 集团军的事实，使一切传言不攻自破。德军最高统帅部委任库尔特·蔡茨勒（Kurt Zeitzler）上将为德国陆军最高统帅部总参谋长，后来保卢斯的第6集团军在斯大林格勒被围之后，作为总参谋长的蔡茨勒曾竭尽全力设法营救。

9月13日，德军攻入斯大林格勒市区。在巷战中，双方逐街逐楼逐屋反复争夺。在双方经历了极其血腥、残酷的巷战之后，德军于10月初基本上控制了整个城市。从10月14日至11月20日期间，双方仍然为市区内的工厂、车站而你争我夺，使斯大林格勒战役达到空前激烈的程度。至11月11日，保卢斯基本上控制了斯大林格勒90%以上的市区领土。

当希特勒确定保卢斯已控制了斯大林格勒后，他却于11月8日在慕尼黑发表的讲话上说，保卢斯并未完成他的目标。苏军的猛烈反击以及零下30摄氏度的酷寒，让保卢斯和他的第6集团军正面临着严峻的考验。另外，后勤补给跟不上，使得棉衣、食物、军需品以及燃料显得极为短缺。正在此时，苏联最高统帅部根据斯大林的指示，在认真分析战役进程的基础上发现，城内德军极度疲惫，而且侧翼薄弱。于是苏联最高统帅部在防御阶段即制订出反攻计划，准备围歼保卢斯的第6集团军。这就是后来的“天王星”行动。

第十一章　第6集团军受困

苏联红军最高统帅部于1942年9月就制订了“天王星”行动作战计划。这个行动的设想非常经典：从德军第6集团军防守薄弱的侧翼进行反突击，然后对其实施双层包围。德第6集团军的北边是意大利第8集团军和罗马尼亚的第3集团军，南边是第4装甲集团军和其右翼的罗马尼亚第4集团军。保卢斯也很清楚他目前的处境不妙。于是他竭力向德军最高统帅部发出预警报告，请求最高统帅部能够用训练有素的德军来代替罗马尼亚军队，从而能够顶住苏军的攻击。

11月19日凌晨，苏联红军对德第6集团军的侧翼发起了猛烈袭击。由于通信线路几乎被彻底切断，保卢斯直到下午2点钟才得到侧翼被突袭的消息。他知道他不可能采取任何反攻措施，于是他让他的第6集团军全部处于防守态势，等待被苏军包围。苏军仅仅用了4天时间就在卡拉奇把包围圈合拢：德军约25万人被合围在斯大林格勒1500平方公里的地域内。遵从希特勒的命令，保卢斯把司令部转移到离斯大林格勒6公里远的古姆拉克。保卢斯与B集团军群总司令冯·魏克斯联系，表示他不相信空中补给能够维持第6集团军的军需，并希望能够向西突围，撤离斯大林格勒，跳出苏军包围圈。同时，保卢斯数次电呈希特勒，陈述突围理由，希望希特勒批准，但希特勒却下令保卢斯坚守阵地。

在第6集团军参谋部，将官们情绪高涨极为紧张。大多数将军坚持认为突围势在必行，纵使违背希特勒的严令，也必须突围。保卢斯却犹豫不决，因为他刚刚收到顿河集团军群[①]总司令弗里茨·埃里希·冯·曼施坦因（Fritz Erich von Manstein）的来电，向他承诺会设法为第6集团军解围。对于保卢斯来说，这次第6集团军被苏军围困只是暂时性的，所以他决定继续等待，并认为战局即将有所好转。希特勒也是这样认为的，因为他深信曼施坦因，这位"德军中最会用脑子打仗的人"[②]一定会再一次创造战争奇迹。

曼施坦因以霍特第4装甲集团军为先导，于12月16日突破了苏军第51集团军在阿克赛河上的防线。他原本计划在苏军右侧打开一条通道，帮助保卢斯部死里逃生，但曼施坦因手上却没有足够的兵力。于是，他决定不顾希特勒的将令，下令保卢斯立即向南突围与第4装甲集团军会合。然而保卢斯在没有接到希特勒的直接命令之前，没有突围的意图，他以坦克燃料不足为由，仅仅突围了20公里后就停了下来，放弃了这最后一次机会[③]。而希特勒的想法刚好相反，希望保卢斯和他的第6集团军死守斯大林格勒，为来年的进一步军事行动奠定基础。

12月12日，曼施坦因元帅怀着沉重的心情，发起了代号为"冬季风

① 顿河集团军群是于1942年11月22日组建的，目的在于夹在A、B集团军群之间，以挽回德军在南方的败局。

② 希特勒本人对曼施坦因的评价。

③ 参见瓦尔特·戈利茨：《保卢斯与斯大林格勒》，巴黎，阿尔戴姆费耶德出版社，1961年，第108页。

暴”的反攻。至 12 月 20 日，在激烈战斗和重大伤亡下，霍特第 4 装甲集团军所属的第 57 装甲军才突进到离南面包围圈 30 英里（1 英里 =1.609 公里）以内的地方。然而自 12 月 16 日起，苏军发起了代号为“小土星”行动的作战计划，对曼施坦因的左翼以及意大利第 18 集团军进行攻击。面对苏军的反攻，曼施坦因发现自己也有被数倍于己的苏军包围的危险。同时，A 集团军群向高加索地区推进了 500 公里，曼施坦因为保证 A 集团军群占领高加索，抽调霍特的装甲部队赶赴援助 A 集团军群左翼。至此，曼施坦因的“冬季风暴”宣告失败。

与外界德军彻底失去联系的保卢斯，抱着希特勒会派兵解围的希望，一直等到 12 月 22 日。正如他给妻子的信中写的那样：“……此刻，我有一个非常艰巨的任务要实现，那就是我希望我能够离开这里。那样，我就可以经常给你写信，告诉你我的近况了。你无论如何应该相信，只要他倾其全力来解救我，我就将永远和你在一起，绝不再分开……”[①]在曼施坦因和蔡茨勒的不断劝说下，希特勒决定停止“冬季风暴”行动。同时，调派霍特的装甲师前往驰援位于第 6 集团军左翼的军需供应基地。希特勒甚至想派遣被命名为“虎”的 503E 重型喷火坦克前去解围[②]，但是在离斯大林格勒 48 公里的地方就失败了。圣诞节那天，苏军发起新一轮进攻，迫使 A 集团军群从高加索撤出。

1943 年 1 月 8 日，苏顿河方面军司令员罗科索夫斯基中将向德第 6 集团军司令保卢斯上将发出最后通牒，敦促其投降。保卢斯由于未得到希特勒的命令，不敢擅自做主，于是拒绝了苏军的劝降，并下令杀害苏军的军

① 参见瓦尔特·戈利茨：《保卢斯与斯大林格勒》，巴黎，阿尔戴姆费耶德出版社，1961 年，第 104 页～105 页。

② 参见让·洛佩兹：《处于战争边缘的斯大林格勒》，巴黎，经济出版社，2008 年，第 407 页。

事谈判代表[①]。尽管保卢斯不断向希特勒请示，要求准予他相机行事，但希特勒驳回了他的请求，并要求他把包围圈中的德军分成几个较小的单位，以延长抵抗时间。1月22日，苏军占领了古门拉克机场，第6集团军的空运补给完全中断了。保卢斯向希特勒报告说："部队已不能支持了，继续抵抗已毫无意义，请准允我们投降。"但他得到的答复是："决不允许投降！第6集团军应在斯大林格勒尽到其英勇的责任，直到最后一人为止。"希特勒此时仍幻想把德军最新式的黑豹坦克[②]设法运送给第6集团军，保卢斯部或许就能突围自救。1月26日，保卢斯把第6集团军司令部转移到一栋部分受损的建筑物下面继续自卫。1月31日，希特勒授予保卢斯元帅节杖，以鼓励其继续抵抗下去，直至战死或自杀——历史上还没有德军元帅被敌军生擒的先例。保卢斯自己也认为将会战死沙场，但是仍被苏军生擒。在保卢斯投降被苏联俘获后，柏林方面试图与莫斯科方面谈判交换人质：用德军在1941年7月斯摩棱斯克战役中俘获的斯大林的儿子雅科夫同苏联交换保卢斯。斯大林却冷冷地说："我绝对不会拿一个陆军元帅去换一个陆军中尉的！"

---

① 我们当今对保卢斯的解读与事实正好相反，其实保卢斯从未下令射杀苏军的军事谈判代表。

② "黑豹"坦克，即PzKpfw-V中型坦克，是在1941年巴巴罗萨行动后，德国遭遇T-34危机后研发生产的新型坦克，是二战中最成功、性能最好的中型坦克。在1943年的库尔斯克会战中首次投入实战，一直服役至第二次世界大战结束。

第十二章　被俘之后

保卢斯作为被苏联红军俘获的、史上最有名的战俘被送到莫斯科以东的小城苏兹达尔的一个修道院，被安置在修道院的单间居室里，严密看守。1943 年夏，保卢斯会见了一批“自由德国国家委员会”和“德国军官联盟”的被俘德军军官。这个组织是在苏联的主导下，以亲苏高级战俘为主干创立的一个专门针对德国军队的机构组织，通过自己的报纸和广播电台，以宣传纳粹希特勒罪行的方式瓦解前线德军士气，并对被俘德军进行反纳粹洗脑教育。苏联劝说保卢斯加入这个反纳粹联盟，但可能是保卢斯担心仍身处德国的家人遭到报复，因此拒绝了。事实上，他的妻子和孩子们刚被释放不久，就又被囚禁起来了。而且形势对他们越来越糟糕：希特勒要求他们全部改名换姓，否则就处死他们。然而，保卢斯的妻子埃列娜·保卢斯（Elena Paulus）严词拒绝了希特勒的要求。

1944 年，一个突发事件使保卢斯的态度发生了转变。7 月 20 日，一些德军军官在东普鲁士拉斯滕堡的“狼穴”基地引爆炸弹，试图炸死希特勒。但炸弹爆炸后只炸死了四个人，希特勒仅受轻伤，政变也很快地失败了。希特勒下令将所有涉案关系人逮捕并处以极刑，盖世太保一共逮捕了7000人，并最终处决了4980人。由于主要领导人多被处死，德国反纳粹组织也因此受到了致命打击。对于保卢斯这位政治中立的将军来说，因这次事件彻底改变了自己的观点。与保卢斯有过数次会面的德国共产主义政治家、东德第一任总统威廉·皮克，对保卢斯的影响也很大。在二战后期，保卢斯通过广播向仍在抵抗的德军揭露纳粹希特勒入侵苏联的罪行："这是希特勒在和平时期发起的一场侵略战争，发起这场战争的日子很特殊，而且他所采用的侵略手段在历史上也很特殊。"

战争结束后，保卢斯一直关押在莫斯科附近的高级俘虏的集中营，一直到1946年2月才被送回德国的纽伦堡，上法庭作证。纽伦堡审判是1945年11月20日到1946年10月1日第二次世界大战结束之后在德国纽伦堡举行的国际战争犯罪审判，是历史上持续时间最长的审判。作为入侵苏联的策划者之一，保卢斯要求配合苏联政府出庭作证，以减轻他对苏联人犯下的罪行，特别是在赖歇瑙时期，他所指挥的第6集团军对苏联军队造成的损伤。他当庭指证了前纳粹德国帝国空军元帅赫尔曼·威廉·戈林（Hermann Wilhelm Göring）、前陆海空三军总参谋长威廉·凯特尔（Wilhelm Bodewin Johann Gustav Keitel）、前国防军统帅部作战局局长阿尔弗雷德·约德尔（Alfred Josef Ferdinand Jodl）。经历斯大林格勒战役的创伤后，对保卢斯来说，这次指证是对这几位罪孽深重的纳粹分子的报复。自大不列颠之战以来，戈林的空军部队在希特勒眼里地位一落千丈，为了重获希特勒的信任，他便想在斯大林格勒这样的关键时候向希特勒露一手。于是他劝阻希特勒下令让保卢斯的第6集团军突围撤兵，而是让其空军部队为保卢斯部空投作战物资，就是这个决定让保卢斯错失突围的最佳时机，从而造成了全军覆没。在保卢斯眼里，凯特尔和约德尔就是希特勒身边的两个走狗，当第 6 集团军被围困在斯大林格勒附近后，这两个人都全力支持希特勒禁止保卢斯突围的命令。保卢斯这样做，其实也是为了使苏联政府允许他探望病重的妻子，但苏联方面断然拒绝了他的要求①。由于随他投降的第 6 集团军德军战俘，绝大多数都因为饥饿、寒冷和过度劳累而死在了西伯利亚，因此在到纽伦堡出庭前，保卢斯请求记者不要对其出庭进行报道，以消除曾参加斯大林格勒战役的官兵家属对他的疑虑。

从纽伦堡返回苏联后，苏联政府把保卢斯安置在莫斯科附近的一套舒适的别墅里。斯大林格勒战役的影子总是萦绕着他，他把他最清醒的时间都用来回忆这场战争，并总是带着这样的几个问题：怎么可能会这样？为什么当时不违抗希特勒的命令去突围，让这些士兵得救？

1953 年 3 月 5 日，斯大林去世之后，保卢斯才得以回到德意志民主共和国（东德）。事实上，保卢斯很害怕西德司法部门会因为他“私通”苏联而追究他的责任，或是因此成为西德民众进行恶毒攻击的对象。东德政府从各方面对其优待，重视其隐私，把他安置在德累斯顿富人区的一栋豪宅里，在那里过着舒适的生活。当然，是由安全部门严密监视居住。他所有的日常生活都有专人记载，特别是西德那些同他一起参加过斯大林格勒战役的老战友们的来访，更会详加记录。这一切都由东德国家安全部负责。

保卢斯后半生过着上层社会的名流生活，负责军营里人民警察高等学校军事史办公室的工作，并定期就斯大林格勒战役作一些报告②。苏联政府特别希望他能为苏联向西德宣传其意识形态，但保卢斯断然拒绝，因为他

① 埃列娜·保卢斯于 1949 年病逝，直到最后都未能与保卢斯见上一面。
② 事实刚好相反，保卢斯对东德军营人民警察机构的创设就是一个外行。

知道自己是德国人，他不属于任何一个意识形态。

1955 年底，保卢斯获悉自己患了神经方面的疾病。经历了两年的病痛折磨之后，在他被俘整整 14 年后的那一天——1957 年 2 月 1 日，他在德累斯顿永远闭上了眼睛，享年 66 岁。但是，保卢斯的身影却从未离开过伏尔加河畔!

第二部分　文献资料

本书第二部分呈现的文献资料出自两个不同的地方：

一方面，来自于保卢斯被俘后应苏联政府的要求所整理的备忘录和论著。其实战争一结束，苏联就决定编译并研究德军发起的所有军事行动，特别是 1941 年至 1945 年之间的苏德冲突。在保卢斯的帮助下，苏方获得了第一手原始资料。事实上，保卢斯在担任陆军军事参谋、陆军高级指挥官以及第 6 集团军总司令期间，对德军各个战争机构的运作和军事训令的执行都了若指掌。

另一方面，来自于本书已公开的私人信函、第 21 号训令（“巴巴罗萨”行动）和第 42 号训令（“蓝色”方案）的摘录内容以及德军最高司令部的文件。读者在本书中同样会发现德军对苏军事行动中那些重要人物的行军日志摘选，比如说斯大林格勒战役中冯 · 博克和德军空军元帅沃尔夫冈 · 冯 · 里希特霍芬（Wolfram von Richthofen）等。同时还有来自德军驻罗马尼亚军队作战任务档案中的资料。

最后，我们有选择性地公开了保卢斯受困于斯大林格勒时对外联络的无线电报，以及顿河集团军群总司令冯 · 曼施坦因试图救援遭苏军包围于斯大林格勒的第 6 集团军，而同保卢斯之间的往来电报。通过这些档案资料，让保卢斯这位对苏战争起着关键作用的人物，置于这场旷世之战的大背景中，以便我们更好地了解他在斯大林格勒战役中扮演的角色。

第一章　希特勒与“海狮”计划

1940年5月10日，纳粹德国突然发起对荷兰、比利时和法国的西线战役。此时的保卢斯还是冯·博克领导下的B集团军群中第6集团军的参谋长。B集团军群的任务是：通过攻击荷兰与比利时，引诱驻扎在法国阿尔登地区的盟军主力部队进入比利时。希特勒当时否决了集中德军主力部队占领比利时的原始作战计划，转而支持由A集团军群总参谋长冯·曼施坦因提出的一个新的作战计划。曼施坦因提出的这个大胆且极具危险性的作战计划，目标是穿过阿尔登地区对盟军实施大规模的突然袭击，打盟军一个措手不及。

第6集团军负责支援德军空军部队夺取位于默兹河和阿尔伯特运河之间的埃本-埃迈尔要塞。德军用滑翔运输机空降的80名空降猎兵只用了几个小时的时间就制服了要塞的守军。5月11日上午晚些时候，第6集团军的坦克部队在第16装甲军的掩护下，对驻守的比利时敌军发起了猛烈的进攻，成功渡过大桥，包围了整个埃本-埃迈尔要塞。而此时的英法等同盟国方面仍死抱德军会沿着第一次世界大战时的老路进攻的观念不放，认为德军将会对其右翼展开攻击。5 月 12 日，隆美尔和古德里安的装甲部队穿过默兹河，分别抵达比利时的小镇迪南和法国东北部的色当市。

与此同时，第 6 集团军开始向比利时科特赖克附近的利斯河进发，双方在此展开了耗时一周的激烈争夺战。5 月 26 日，随着德军攻占法国北部和阿尔登地区之后，造成英法等国盟军的阵地急剧缩减，前线形势异常严峻。就这样，“曼施坦因计划”取得了巨大的成功。5 月 28 日，比利时国王利奥波德三世接受无条件投降，并在阿旺宫亲手向保卢斯递交投降书。

德军沿着埃纳河和索姆河一路向北，意欲围攻位于敦刻尔克、加莱和布洛涅的比利时部队、英国远征军和法国军队。5 月 20 日，德军主力到达英吉利海峡沿岸，英法联军约 40 个师被包围在法、比边境的敦刻尔克地区。5 月 24 日，正当德军准备一举歼灭盟军部队时，希特勒却下达了著名的敦刻尔克“停战前进命令”。

5 月 25 日，英国人实施代号为“发电机计划”的敦刻尔克大撤退。英国在英国皇家空军部队掩护下，利用英国皇家海军部以及各种船只撤出了 30 万在西欧大陆作战的远征军部队。5 月 26 日，希特勒决定停止实施“停战前进命令”，准备对英法等同盟国军队实施阻击，但是为时已晚。英国首相丘吉尔表示，这次大撤退是人类的卓越壮举，是人类战胜不幸的英雄行为。

自 5 月 23 日至 6 月 3 日英法等盟军从敦刻尔克成功撤退之后，希特勒于 6 月 5 日决定实施法兰西战役的第二阶段军事行动计划——“红色方案”，法军在德军的猛烈攻击下，很快土崩瓦解。6 月 14 日，德军穿过塞纳河进入巴黎。第 6 集团军也跟随大部队穿过索姆河河谷、瓦兹河河谷、马恩河河谷、塞纳河河谷以及卢瓦尔河河谷，占领了整个法国北部。1940年6月22日，德法两国在雷通签署停战协定。希特勒在西欧大陆取得完胜，但还有一个国家需要从陆海空三个方面去控制——那就是英国。时任英国首相的温斯顿·丘吉尔，此时也铁了心带领英国人单枪匹马地与德军抵抗到底。

希特勒于7月的上半个月在伯格霍夫别墅会见了德军的部分将领，并与他们商谈关于进攻英国的计划。希特勒认为，倘若英国拒绝他的“和平建议”，那么他就会向英国发起进攻。然而自7月份开始，德国海军总司令埃里希·雷德尔就提醒希特勒，除非有强大的空军掩护，否则很难登陆英格兰岛。7月13日，陆军总参谋长哈尔德到伯格霍夫别墅向希特勒汇报对英作战计划。在他看来，不到迫不得已，对英作战不应该采取登陆作战的方案。但是希特勒仍然于7月16日发布入侵英国的第16号训令，要求德军“准备强渡英吉利海峡登陆作战”，执行代号为“海狮行动”的计划。

然而，这个雄心勃勃的作战计划仍然处于演练状态。为什么会这样呢？因为保卢斯时任德军第6集团军参谋长，并于9月3日起任德国陆军军需总监，参与了“海狮行动”计划的制订。因此在保卢斯被俘之后，应苏联方面的要求，保卢斯于1946年四五月份就此撰写了他的第一份研究报告。

保卢斯与“海狮行动”计划

保卢斯的研究报告是从1940年初夏开始写起的。此时的希特勒已经取得西线战役的初步胜利，正与其宿敌法国交战。在这四个月里，希特勒一直和他的军队将领们研究对英作战计划，并不断使其明确。但是整个作战计划都是希特勒本人真正想实施的吗？在对当时的背景进行简短的介绍之后，保卢斯详尽但也有些模糊地描述了关于制订对英作战行动计划的重要细节。

他在研究报告中，用略显尖刻的言辞把德军参谋部内部存在的问题清晰地阐述出来。但对于更深层次的问题，保卢斯却未能详细地加以说明。然而，我们需要明白的关键问题是：保卢斯在到陆军司令部任职前只是第6集团军的参谋，制订“海狮行动”计划的前期阶段，他是不能参加的。他是通过把“海狮行动”计划和后来的“巴巴罗萨”行动计划联系起来后，才形成其研究报告中关于希特勒扩张政策的主题。

1940年初夏，德军在取得对法战役的胜利后，其战斗力和士气达到了顶峰。

中欧、西欧以及斯堪的纳维亚半岛西北所有的经济资源全部落入德国手中[①]。但仍存在一个亟待解决的棘手问题：是否对英国采取行动仍然让希特勒举棋不定。此时的希特勒为了对付苏联，避免两线作战，需要拉拢英国，诱其妥协投降。但他派去说降的密使全部遭到了英国的拒绝。同时，由于罗斯福领导的美国政府不承认德国的国家社会主义（即纳粹主义）政党，因此位于大西洋彼岸美国的态度也始终模棱两可。

然而这时德国空军总司令戈林却信誓旦旦地准备对大不列

① 这些经济资源包括：德国将前捷克斯洛伐克变成波希米亚和摩拉维亚的保护国后掠夺的斯柯达兵工厂、在挪威战役（1940年4月至6月）后得到的铁路以及在法国战役和波兰战役后夺取的重工业。

颠岛进行空袭。在他看来，只要陆军和海军紧密配合，德军是完全可以强渡英吉利海峡，在大不列颠岛登陆作战的。于是他积极调动并开始操练空军部队，随时准备投入到这场军事行动中来。

为什么德军最高统帅部对这次命名为“海狮行动”的作战计划意见不能统一呢？很显然，存在争议的关键是需要对此次作战行动的后果进行再三权衡。我不打算对影响这个阶段战争的全部因素和动机进行深入研究。鉴于这次对英作战行动会对东线战役产生影响，我所回忆的都是一些基本事实，比如说我事后才知道的情况，也比如说我亲身经历的事情，或是我所经手的同德军统帅部和陆军统帅部往来的各种报告。

倘若现在要研究是什么原因让希特勒放弃强渡英吉利海峡对英国登陆作战的想法，那就有必要先对1940年夏季的整体战局进行回顾。

放弃对英登陆作战的原因

自1940年5月底开始，希特勒把德军部队自东向西调遣到荷兰、比利时以及法国北部的大西洋沿岸。英国远征军也因此从敦刻尔克狼狈地向英国本土溃逃。然而令人意想不到的是希特勒竟然下令停止追击。希特勒此时打算调集德军全部陆军兵力，以妄图先把法军迅速彻底地击溃。

在重新快速集结德军陆军部队后，希特勒于6月6日向法国南部发起进攻，并于6月22日彻底击败法军，迫使法国在法国贡比涅森林中的雷通向德国签署了投降书。

德军从5月15日起就沿着埃纳河和索姆河汹涌前进，意欲围攻位于敦刻尔克、加莱和布洛涅的盟军部队。保卢斯很快追忆起那些军事原因，用来阐释这个对德军来说是灾难性错误的“停战前进命令”。事实上，这也是一个通常能被人接受的观点[①]。首先，希特勒当时听从A集团军群总司令冯·龙德施泰特的建议，应该让装甲部队得到休整，以便为下一步进攻法国南部做好准备。同时，他也担心部队大纵深推进后，后勤补给却没有跟上，部队的两翼可能遭到法国境内的英法联军的南北夹击，腹背受敌。其次，担任纳粹德国空军总司令的戈林向希特勒夸下海口，由他率领德国空军去解决敦刻尔克包围圈内的英法联军。而希特勒也愿意让戈林露一手以巩固他在纳粹党内副领袖的地位，于是，命令陆军停止前进，而指令戈林的空军，向包围圈内的英法联军实施强大的航空火力突袭。然而当时受恶劣天气影响以及英国空军部队的顽强抵抗，使得这位帝国大元帅[②]的计划泡汤了。

不久之后，部队被调遣到大西洋沿岸，预备向英国发起进攻。实际上在7月初就已下令让德军第6、9和11集团军做好战前准备。德军最高统帅部的这项作战命令要求陆军和海军部队参谋部筹划强渡英吉利海峡并登陆英国作战的行动计划。海

① 保卢斯的这个观点尤其被英国知名德国现代史研究专家伊恩·克肖所认可。其他的历史学家则认为希特勒发布“停止前进命令”是出于外交方面考虑：他希望通过在敦刻尔克放过英军来促使英国接受他的“和平建议”。克肖回忆道，这个解释是希特勒在为他发布“停止前进命令”后的辩解时亲口说的。

② 戈林于1940年7月19日任帝国大元帅。参见伊恩·克肖：《决定命运的选择：改变世界的十个决定》，伦敦，企鹅出版社，2007年，第27页。

军部队负责募集渡海工具，陆军部队同样被要求在各自区域内搜集一切渡海船只。德军在各方面进行必要的整治，要求驻扎在沿海的所有部队进行渡海演练，并派遣海军军官在陆军部队参谋部担任顾问。

德军从上到下都没人会想到这项来自德军最高统帅部的命令会被戛然叫停。后来有人回忆，无论在军队还是在德军最高指挥部，都有人对这项没有做好充分准备的行动计划提出过强烈的反对。而德军最高指挥部向反对者保证，其他的登陆作战方式还正在论证中，并会在适当的时间由海军部队来实施。同时，一批正在建造中的渡海登陆艇即将交付部队使用。

陆军总参谋长哈尔德将军于1940年8月中旬参加了在圣马洛附近举行的登陆作战军事演练，暴露出第6集团军所拥有的登陆作战工具格外薄弱，因此激起第6集团军官兵异常强烈的抗议和愤慨的反对。

大概在8月底时，位于德军左翼的第6集团军得到通知，他们只需要进行佯攻即可，不需要参加实际登陆作战行动，并要求他们严守秘密。准确地说，这次大规模对英登陆作战行动仅仅是由第9集团军和第16集团军负责实施。由于德国海军部门估算大概只有4000艘船能进行渡海，因此德国最高指挥部通过再三权衡后才做出这个切实可行的决定。

1940年7月29日，任德国国防军指挥参谋部参谋长的阿尔弗雷德·约德尔第一个向希特勒提交“继续对英作战”备忘录，并提出三点意见：第一，分别从空中和海上对英国海军、军需基地以及其飞机制造厂和空军基地进行袭击；第二，对平民百姓进行轰炸；第三，组织陆军部队登陆作战。

当时，哈尔德将军担任陆军总参谋长，全面负责陆军部队的部署。

此次作战将发起两拨进攻。第一拨行动计划如下：恩斯特·布施领导的第 16 集团军从加莱海峡渡海，在拉姆斯盖特和贝克斯希尔之间的海滩登陆；施特劳斯领导的第 9 集团军从勒阿弗尔渡海，在英国布莱顿和怀特岛之间的海滩登陆；冯·赖歇瑙指挥的第 6 集团军靠近法国的西边，将从科唐坦半岛开始渡海，在莱姆湾登陆。

在第二拨行动计划中，参谋部设想派遣 26 万德军、6 个装甲集团军和 3 个摩托化师对英登陆作战。作为第 6 集团军参谋长的保卢斯计划在位于英格兰西南区的布里斯托尔登陆，以切断德文郡和康沃尔郡之间英军的联系。

针对德国海军力量的薄弱，海军司令雷德尔深知不可能在如此长的战线上同时从海上运送如此多的士兵和作战装备，于是他要求寻找一条捷径。陆军总司令冯·布劳希奇赞成取消西线部队的登陆作战计划，被雷德尔说服后的德军统帅部参谋长约德尔也建议希特勒撤销冯·赖歇瑙的第 6 集团军从西线登陆作战的命令。保卢斯为第 6 集团军精心策划的登陆作战方案也随之搁浅。

此时，多数人认为，以德军当前拥有的空中优势，确实有可能取得“海狮行动”计划的成功。德国空军元帅胡戈·施佩勒（Hugo Sperrle）和阿尔贝特·凯塞林（Albert Kesselring）[①]指挥的两个航空队均屯扎在法国和比利时，人们断定这两支航空队无论

① 保卢斯这里忘记提及驻扎在挪威由汉斯 - 于尔根·施通普夫（Hans-Jürgen Stumpff）指挥的第 5 航空队了。

是从数量上还是质量上都比英国皇家空军占绝对优势。

与空军的优势刚好相反，海军部门在报告中却提出了他们的忧虑：这个季节在英吉利海峡时常出现恶劣天气的条件下，空军能否充分地发挥其优势以弥补海军的劣势呢？海军部门相信只有在某些特定条件下，这次登陆作战行动才具有可操作性。纵然有强大的空军部队掩护，但是他们仍对登陆作战的可行性持极大的怀疑态度，因为在德军登陆后，从加莱海峡为德军登陆部队提供补给将存在问题，补给太缓慢或供不上，就会严重影响登陆部队的作战。最终大家都一致认为，必须要考虑在英国皇家空军部队干扰下，登陆作战的军需补给周期问题。

德军总参谋部一边在地图上仔细研究如何袭击伦敦及其郊区，一边紧锣密鼓地部署着这次登陆作战行动。

我于 1940 年 9 月 3 日被调到位于枫丹白露宫的陆军总司令部任职，陆军总司令布劳希奇和总参谋长哈尔德对希特勒制订的对英登陆作战计划深信不疑。这让我想起了冯 · 布劳希奇元帅在 1940 年秋季多次参加第 16 集团军和第 9 集团军组织的登陆演练，同时哈尔德总参谋长也于 9 月底和 10 月初视察了陆军部队横渡英吉利海峡的登陆作战训练。

然而，希特勒却一再推延这次登陆作战行动。10 月份，希特勒无奈地宣布：年前将不会实施登陆作战行动计划。但是他也没有下达撤销原令的命令。1940 年深秋，德军最高统帅部宣布：鉴于全体官兵前期的悉心准备，我军将于冬季进一步加强训练，使对英登陆作战计划臻于完善，然后在 1941 年春正式实施登陆作战行动。

与此同时，另外一个代号为“巴巴罗萨[①]”的新行动计划制订完毕。第15、7和1集团军分别取代第11、16和6集团军。大致在1940年10月中旬，德军在法国巴黎组建D集团军群，总司令为埃尔温·冯·维茨勒本（Erwin von Witzleben），负责指挥驻法国、比利时和荷兰的德国部队，司令部位于默伦镇。该集团军群后来并入德国西线总司令部。

从这个时候起，对英登陆作战计划就不再有后续行动了，德军在英吉利海峡屯兵只是一种骗人的表象，把英军阻挡在大不列颠岛内，以阻止其继续向欧洲大陆派兵作战。另外，这样做的另一个目的是转移苏联的注意力，造成一种假象，使其放松警惕。

在梳理了事情的进展后，我们来探讨一下儿希特勒是否真打算派兵登陆大不列颠岛作战，最终为何又放弃了该计划。在这一点上，我认为希特勒下达推迟实施登陆作战计划的命令没有任何意义。然而一直到1940年秋，陆军总司令和总参谋长却对该作战计划的实施深信不疑。实际上，希特勒本人生性多疑，即使是他最亲近的心腹也不会知道他心里到底在想什么。

就我而言，我也不敢肯定希特勒是否真想派陆军部队渡过英吉利海峡，到英格兰岛上与英军短兵相接。但我能肯定的是，对英登陆作战最初的设想以及“海狮行动”计划确是源自希特勒本人。这主要是由于德国国防军最高统帅部总参谋长凯特尔缺乏主见，而国防军最高统帅部作战局局长约德尔通常只负责传达希特

① 与此同时，德军陆军总司令部开始部署东线战场，代号为“奥托”。1940年9月，德国国防军总司令部制订了一个代号为“弗里茨”的第二方案。一直到1940年12月才改为“巴巴罗萨”计划。

勒的各种命令、想法和意图。身为纳粹德国帝国空军总司令、德国纳粹党二号人物的戈林，在战略计划和战术计划方面也基本不发表自己的意见。他仅仅负责执行来自国防军最高统帅部关于空军方面的各种命令，既不会提出异议，也不会制造麻烦，以免德国空军部队的威信和影响力被破坏。与他们不同的是，据接近陆军元帅冯·龙德施泰特的人士透露，龙德施泰特元帅也经常自作主张下达一些命令，但是对这次登陆作战行动计划，他从一开始就持怀疑态度。

我想就这个方面提醒大家注意的是，在法国投降之后，最高统帅部立即下令在巴黎香榭丽舍大街上筹备一场庆祝胜利的阅兵式。希特勒最初宣布将在三四周后举行这次大阅兵，后来突然又宣布推迟这次活动。他可能还憧憬着英国前来投降后，再举行更加盛大的游行来庆祝这两场胜利。也正是抱着这样的期望，他加强了对英国的大规模空袭。而进行空袭的初衷只是想让英国妥协，从而迫使英国接受德国的“和平建议”，此时的希特勒已经放弃了这个想法。我们能断定的是空军总司令戈林在得到希特勒这个信号后，采用更加密集的空袭压制了英军的抵抗。正是这些线索让我确信，由于希特勒始终遐想英国最终会向德军投降，因此他觉得没有必要冒险登陆作战。

简而言之，我觉得希特勒最终放弃“海狮行动”计划的主要原因有以下四点：

1. 担心登陆作战失败后会让其本人因此而丧失威信；

2. 他企望仅仅通过潜艇战和空袭的震慑力对英国起到敲山震虎的作用，迫使英国投降；

3. 他一直寄希望于英国的妥协，通过登陆作战来重创英国并非其本意；

4. 其实自1940年夏天，他就已决定放弃“海狮行动”计划，但他仍在大西洋沿岸部署军队，实际上是掩饰德军侵苏的战略伪装。

第一，在希特勒看来，登陆作战计划无论怎么说都存在极大风险。尽管英国远征军在敦刻尔克大溃逃时失去了大量的装备和军需物资，只有11个师的兵力可以投入战斗，但保留下一大批经过战争考验的陆军官兵。相反，德军所拥有的渡海船只远远不能满足登陆作战的需要，在短时间内不可能把大批部队及作战装备运送到大不列颠岛上去。

另外，那时候德国没有完全掌握英吉利海峡的制海权和制空权，德国海军司令部曾多次向德军最高统帅部提出强烈质疑，在英国空军的干扰下，根本无法穿过加莱海峡为登陆部队提供持续的后勤保障。

同时必须得考虑的问题是，从法国的加莱到英国的多佛尔仅有34公里的距离，德国空军部队是否有足够的能力来阻止英国空军的干扰。一旦开始实施登陆行动，渡海登陆作战部队很有可能在英格兰岛南部受到英国空军袭击。

参照希特勒之前冒险发动的军事行动，比如挪威战役以及绕过马其诺防线，选择从色当山区突破，直插到盟军背后的色当战役，我们可以判定，如果希特勒确实想攻克英国的话，他肯定会毫不犹豫地再次冒险，采取登陆作战的方式攻入英国本土。对于德军来说，真的没有其他办法来解决渡海的难题吗？德军最高统帅部之所以取消对英登陆作战，肯定是他们有其他的考量。

第二，毫无疑问的是希特勒希望通过降服法国，并让英国远征军在敦刻尔克溃败（他低估了放走英军的后果），来迫使英国接受其"和平建议"。同时，他坚信凭借优良的潜艇和大规模的空袭，足以对英国起到敲山震虎的作用，迫使英国向德国投降。

第三，希特勒对英国的政治态度以及企望同英国达成和平协议的愿望，在其著作《我的奋斗》一书中及其后来各种场合的宣言和演讲中都有明显体现。通过其后来的表现，我们不得不承认他一直寄希望于英国的妥协。

那么，我们就可以从逻辑上推断，通过实施"海狮行动"计划登陆英格兰岛作战来重创英国并非其本意。

第四，经过上面三点分析，现在只剩下最后一个问题：希特勒是不是为了在东线攻打苏联而放弃对英登陆作战呢？

登陆作战在希特勒看来之所以存在一定风险，是因为攻陷伦敦乃至占领整个大不列颠岛需要投入相当数量的兵力。假如不攻打英国，而把这些兵力集结起来攻打苏联，难道不是会提高德军的胜算吗？

我们回忆一下儿，根据约德尔1940年7月初的战争日程显示，法国战役一结束，希特勒就萌生了进攻苏联的想法。因此我们可以断定，就是这个想法让希特勒停止实施对英登陆作战计划。

我们在这里需要注意，事实与保卢斯所回忆的刚好相反，因为希特勒确实有登陆作战的想法。他一直试图向英国证明，并迫使英国承认德国是欧洲大陆的霸主。出于对英国人的种族认同感和战略方面的考虑，希特勒很长时间内都不愿意与英军发生直接冲突①。在他看来，如果能确保

① 参见阿道夫·希特勒：《我的奋斗》，巴黎，新拉丁出版社，1934年，第609页～619页。自20世纪20年代末，为攻打法国和苏联，希特勒就希望同英国和意大利结盟，至少是希望这两个国家保持中立态度。

英国保持中立，德军就可以安心开辟东线战场，以掠取更广泛的生存空间。1939 年 9 月，在德军入侵波兰前不久，柏林方面就已多次同英国海军在英吉利海峡制造摩擦，试图让伦敦方面明白这个道理。同样在法国战役打响之前，希特勒认为只要取得对法国闪电战的胜利，就可以从心理上逼迫英国坐下来同德国进行和平谈判。1940 年 7 月 21 日，当希特勒从哈尔德那里确认对法战争已经取得胜利后①，他就认为英国肯定会就范，因此"海狮行动"计划就没有必要付诸实践。然而，频繁的登陆作战演练使得像龙德施泰特元帅一样的部分德军军官坚信该行动计划仍将会实施。由于德国海军根本无法同英国海军抗衡，而且德国空军也无法阻止英国空军对德军的登陆行动进行干扰②，所以这个行动计划事实上是不可行的。

除此之外，德国国防军最高统帅部与陆军最高统帅部就该行动计划存在的分歧，也严重影响了希特勒的决定。在陆军参谋部任职的保卢斯用略带尖刻的语言把其中的一些细节公之于众③。国防军最高统帅部要求加紧大量制造潜艇和飞机，从而为攻打英国做准备；但是陆军最高统帅部却希望扩充军队人数，增加坦克数量，从而为入侵苏联做准备。希特勒其实并不想彻底放弃"海狮行动"计划，他只是想在给英国施加压力④的同时转移苏联的注意力而已⑤。也就是从 1940 年 7 月开始，希特勒和他

---

① 参见伊恩·克肖:《希特勒》，伦敦，企鹅出版社，2009 年，第 565 页。

② 1940 年 7 月 29 日，德国海军对将在 1941 年 5 月实施的"海狮行动"计划起草了一份备忘录。

③ 保卢斯阐述了德国国防军最高统帅部与陆军最高统帅部之间日趋紧张的关系，直到后来双方分道扬镳。

④ 1940 年 10 月 12 日的秘密训令。参见威廉·劳伦斯·夏勒:《第三帝国》，巴黎，证券出版社，2006 年，第 812 页。

⑤ 参见瓦尔特·戈利茨:《保卢斯与斯大林格勒》，巴黎，阿尔戴姆费耶德出版社，1961 年，第 130 页。需要注意的是，当苏联在 1941 年意识到德军在其边境活动时，希特勒却向苏方表明他们是在为对英登陆作战进行军事演习。

的德军将领已经把战略目光转向了东方战线。保卢斯也是从这时开始把“海狮行动”计划和“巴巴罗萨”行动计划联系了起来。与保卢斯的回忆有出入的地方是：1940 年 5 月，法国战役还未结束，哈尔德（并非约德尔）就开始制订攻打苏联的第一阶段计划（“奥托”行动计划）。7 月，希特勒下定决心先攻克苏联以获得战略资源，为继续攻打英国做准备，同时也可扩大德国的生存空间①。这就是后来由保卢斯一手策划并精心准备的“巴巴罗萨”计划。

① 从这时开始，希特勒就惦记起高加索地区的石油资源了。

第二章 巨大的未知数：苏联兵力
“巴巴罗萨”计划：初步筹备并聚焦东线

1940 年 7 月 31 日，希特勒在位于贝希特斯加登（Berchtesgaden）山上的伯格霍夫（Berghof）别墅里会见了所有的德军主要将领。希特勒认为英国把最后的希望都放在盟军身上，希望被德军征服的盟国军队能突然倒戈，从而导致斯大林从东线对德国发起进攻。最后希特勒得出如下结论：必须尽快征服苏联，一切军事行动须在 1941 年秋季前结束。到那时，英国被德军封锁之后，就会寻求同德国谈判[①]。我们看出希特勒是通过战略意义来说服其属下，而不是意识形态。对苏联发起全面战争只是希特勒确定的两大使命之一[②]。古往今来，人们都在追逐这片幅员辽阔的疆土，希特勒

① 希特勒对苏联发动进攻的真实原因一直存在争议。参见加布里埃尔·高尔戴特斯盖（Gabriel Gorodetsky）:《惊世骗局：斯大林与德国入侵》，巴黎，佩兰出版社，2011 年，第 101 页。

② 另一使命是灭绝欧洲以及苏联的犹太人。从 1942 年起，希特勒就确定了处理犹太人的最后解决方案。

意识到德国已经准备好向东边推进了。尽管西线战事还未彻底结束，而且德军最高统帅部还在部署入侵北非的行动，但攻打苏联的计划却深深地吸引着希特勒的注意力，同时也让第三帝国的精英们蠢蠢欲动。在苏德两国1939年制定的互不侵犯条约框架下[①]，苏德两国之间表面上保持着亲密关系，但在某些方面已慢慢显露出紧张局面。实际上，德军在1940年夏天攻打英国时，斯大林就决定趁机向苏联西北边和南边扩张，以扩大自己的势力范围。7月17日，苏联外交部长维亚切斯拉夫·米哈伊洛维奇·莫洛托夫（Vyacheslav Mikhaylovich Molotov）电告柏林，由于“英法两国在波罗的海挑起事端，挑拨离间苏德关系”[②]，因此苏联将正式向波罗的海派兵。在苏联的武装占领和外交逼迫下，波罗的海三国（爱沙尼亚、拉脱维亚和立陶宛）于8月初被迫并入苏联。6天后，莫洛托夫宣布收回比萨拉比亚并兼并北布科维纳[③]。在柏林，希特勒和德军统帅部被这个消息惊呆了：失去波罗的海缓冲带，苏联同德国无论从海上还是从空中都拉近了；如果再失去罗马尼亚以及罗马尼亚的油井，对于帝国来说绝对是场灾难[④]。7月26日，德国外交部长约阿希姆·冯·里宾特洛甫（Joachim von Ribbentrop）要求罗马尼亚政府接受苏联的最后通牒，以免与苏联红军发生正面冲突。罗马尼亚政府接受了苏联的条件，最终苏联占领了比萨拉比亚以及这个地区的油井。

与纳粹所宣传的有所不同，斯大林并不希望闹僵和德国的关系。尽管丘吉尔一再向斯大林提供德国可能向苏联进攻的情报，但是他却对这些情报信

---

① 苏联为保证自己不受德国侵犯，同德国签订互不侵犯条约，秘密条款规定了苏德两国各自的势力范围。

② 参见威廉·劳伦斯·夏勒：《第三帝国》，巴黎，证券出版社，2006年，第831页。

③ 在第一次世界大战和沙俄革命期间，比萨拉比亚处于罗马尼亚控制下。1919年，比萨拉比亚从奥地利共和国脱离出来，与罗马尼亚合并（《圣日耳曼昂莱条约》）。

④ 参见杰弗里·罗伯茨（Geoffrey Roberts）：《苏联与二战起源：苏德关系和通往战争之路（1933～1941）》，伦敦，贝德福德圣马丁出版社，1995年，第119～120页。

息视而不见。斯大林认为，在经历了四年第一次世界大战的创伤后，德国、法国和英国都已元气大伤，二战爆发后，他仍想让鹬蚌相争，从而坐收渔翁之利。然而，德军在法国取得闪电战的胜利彻底打乱了他的计划。另外，在斯大林看来，红军相对于德军来说，在很多方面均不占优势。因此他打算静观其变，以争取更多的时间①。斯大林的刚愎自用、独断专行是众所周知的。正如俄罗斯作家亚历山大·伊萨耶维奇·索尔仁尼琴（Alexandre Solyenitsyne）所说："斯大林一生中只相信一个人，这个人就是阿道夫·希特勒。"

从1940年6月起，一系列进攻苏联的计划都在酝酿中。6月26日，德军第18集团军从西线调派到东线。陆军最高统帅部司令哈尔德将军主动签署"第18集团军部署"的训令。此时德军对苏联红军不再是采取防御姿态，而是为进攻行动做准备。7月的后半月，哈尔德下达拟制对苏作战预案的命令。直到1940年9月，德军陆军最高统帅部根据这个预案拟制了作战计划草案。

当苏德关系开始降温时，保卢斯登场了。9月初，他被哈尔德调入陆军最高统帅部担任第一军需总监，其任务是制订入侵苏联的行动计划。保卢斯从这时起才开始了解这项旨在摧毁苏联红军，进而攻占苏联的宏大作战计划。在哈尔德的领导下，他根据作战草案进行了多次军事演习，使作战方案在军事演练中进行了检验，得到了进一步充实。在保卢斯前期工作的基础上，希特勒于1940年12月签署了入侵苏联的第21号训令——"巴巴罗萨"行动计划。

保卢斯对二战的述说开始于1940年7月，也就是希特勒决定进攻苏联的时候。在介绍21号训令之前，他对事件的经过做了简单描述。这份

① 同弗拉基米尔·芮赞（Vladimir Rezun），又名维克托·苏沃洛夫（Viktor Suvorov）在《苏军内幕》中记载的不同——斯大林从未想过进攻德国。所有研究苏德冲突的知名历史学家，诸如格兰茨、埃里克森（Erickson）以及高尔戴特斯盖等，均对此理论持否定态度。

资料是保卢斯被俘后不久，在德累斯顿为东德听众写的自我辩白。他的记述中最吸引人眼球的地方是对 1940 年 12 月军事演练进行的介绍和评论。处在德军决策和执行系统的核心部门，他既是这场旷世之战计划的见证者，也是一位始作俑者。保卢斯在记述中揭露了"巴巴罗萨"行动计划的部分内幕，同时也透露了德军的军事行动目的以及希特勒与陆军将领们就哪个行动计划更重要而产生分歧后所造成的失误。

> 1940 年 7 月底，希特勒告知陆军最高统帅部参谋部和国防军最高指挥部，对苏联的这场战争不可避免，并要求他们做好准备工作。因此，正当西线战役打得热火朝天且胜负未定时，希特勒已铁心冒险两线开战。
>
> 从军事层面讲，德军领导层并不赞成希特勒的决定。特别是从道义上来说，希特勒对苏联开火的决定，意味着德国单方面撕毁刚签订不久的为期十年的《苏德互不侵犯条约》。而与此同时，《苏德互不侵犯条约》极其有利于德国主导当前的战争，并解决了其后顾之忧。
>
> 陆军总参谋部怀着复杂的心情接受了希特勒的命令，因为他们很不看好这场对苏联的战争，而且还是极具风险的两线作战。另外，陆军参谋部还不得不考虑美国是否会加入到这场战争中来。除非德军能够快速打垮苏联，否则这场战争将把德国拖入一场军备竞赛中。
>
> 而且，苏联的兵力一直是一个很大的未知数。
>
> 对苏联的军事行动只能在夏季进行，而夏天却又非常短暂。

当然，德国对苏联发起战争就意味着德国单方面撕毁同苏联签订的

《互不侵犯条约》。同经济利益方面的问题相比较，这确实是一个道义问题，保卢斯也不断地在强调这一点。然而，保卢斯忽略了一点，从那时起一直到斯大林格勒惨败，其道德的指南针不是别人，而是希特勒。事实上，从意识形态和地缘战略上来讲，自1933年开始，纳粹德国与苏联之间就必有一战[①]。对于保卢斯“忽略”的那一点，仅仅在东德人民面前提过。

希特勒于是放弃了“主导战争”的诸多有利条件。保卢斯错误地[②]把希特勒描述成一个缺乏理性的人，因为正好在希特勒决定撕毁《互不侵犯条约》时，苏联所蒙受的损失更大。苏联当时从德国得到大量的先进军事装备和技术，但却不能提供德国所需要的物资。莫斯科曾承诺向柏林提供数百万吨谷物粮食，但只交付了15万吨。1940年4月，在敦刻尔克战役和挪威战役结束后，当德国不再向苏联提供事先商定的军事装备时，斯大林立即下令中止向德国提供各种原料，以免德军过于强大。对于希特勒来说，这个小插曲更加坚定了他实施“巴巴罗萨”计划的决心[③]。

在决定进攻苏联之后，希特勒很清楚两线作战所带来的风险。难道如保卢斯所证实的那样，陆军参谋部是在希特勒的强迫下着手准备进攻苏联的计划吗？诚然，7月31日在贝希特斯加登聚会之前，陆军军官们还对是否攻打苏联犹豫不决。陆军参谋部当前是在“元首领导下[④]”运行的。然

---

① 参见大卫·格兰茨，乔纳森·豪斯：《巨人的碰撞：苏联红军为什么能战胜希特勒？》，劳伦斯，堪萨斯大学出版社，1995年，第15页。

② 保卢斯是真的弄错了，还是为了迎合他的听众？

③ 参见加布里埃尔·高尔戴特斯盖：《惊世骗局：斯大林与德国入侵》，巴黎，佩兰出版社，2011年，第60页～61页。

④ 这个说法出自德国国务卿维尔纳·威利肯斯（Werner Willikens）之口，时为普鲁士农业部成员。在伊恩·克肖看来，这种说法是第三帝国进行军事行动部署的关键。最初是由位高权重的政要或国防军将领对国家事务做决定并拥有立法权，但后来的结果是纳粹政策的持续激进化。

而，在这次聚会之前，陆军的行动是无须完全听从元首指挥的。约德尔将军后来说道，国防军在没有接到希特勒的命令前就已经开始研究对苏战争的可行性了。即使在国防军最高统帅部和陆军最高统帅部内有人对此持犹豫态度，但随即就消失了。从那时起，国防军最高指挥部和希特勒都把视线转移到东边的苏联身上了。至于美国，希特勒觉得它肯定会从战争中坐收渔利，不用太过担心。但糟糕的是由于日本在1941年底偷袭了珍珠港，所以美国于1942年也卷入了这场战争。

在1938年经济大萧条后，德国于1939年入侵波兰，许多德军军官担心英国会对德宣战，然而事情并没有像他们担心的那样发展。因此，这次希特勒向陆军军官团宣布进攻苏联的决定后，他们并没有感到害怕。然而，希特勒本人同他的将领们一样，根本就不了解他们的对手，确切地说对苏联的兵力一无所知。保卢斯的断言是对的：苏联的兵力是很大的未知数。当时苏联的兵力到底如何？对于这个问题，无论是保卢斯还是哈尔德都不能给出一个确切的答案。德国东线的情报机构对苏联大大低估的错误判断，导致德军严重低估了苏联的兵力，让希特勒认为苏联是非常容易对付的国家。但保卢斯却彻底回避了这个事实，他认为斯拉夫人是下等民族，根本没有能力发动一场现代化的战争，面对德国人的智慧和机械化部队，他们肯定会溃不成军，因此所有人都坚信这场对苏联发起的闪电战会很快取得胜利。在进行了多次演练之后，希特勒于1940年12月18日签署了入侵苏联的21号训令。保卢斯在此对21号训令做了一个简短摘录：

“巴巴罗萨”计划和1940年12月18日的21号训令

1940年12月18日签署的21号训令标志着德国对进攻苏联的前期准备工作已经就绪，即将要付诸实施。为了体现这份文件的重要性，我们在这里摘录部分重要内容：

元首兼国防军最高司令领袖。

国防军司令部，1940年12月18日。第21号训令。

“巴巴罗萨”行动

德国国防军必须准备在对英国的战争结束之前即以一次快速的远征将苏俄击败。为此，陆军必须动用一切可供使用的部队，但有一个条件，就是必须保卫已被占领的地区免遭突然袭击。

对空军来说，重要的是，应抽出强大兵力支援东方战局中的陆军，以期加快地面作战的进程和尽可能减少敌军空袭对德国东部地区造成危害。集中兵力兵器于东线的限制条件是：由我方控制的整个作战地区和军备工业区必须得到充分的保护，不可停止对英国特别是对其补给线的攻击行动。在东方战局期间，海军仍以英国为主要作战对象。

我军将根据情况在对苏俄作战开始之前8个星期命令军队开始集结。准备工作，将需较长时间；如果尚未开始，那么现在就必须着手进行，并且务必在1941年5月15日以前完成。

但是，切切不可暴露进攻企图。

三军总司令部的准备工作必须着眼于以下各点：

总企图：装甲部队应果敢作战，楔入敌深远纵深，歼灭部署在俄国西部地区的苏俄陆军主力，阻止其有作战能力的部队撤至俄国纵深地区。然后，务必快速追击以形成这样一条战线：俄国空军从该线出发将不再能攻击德意志帝国的领土。作战的最终目标是，大致在伏尔加河——阿尔汉格尔斯克一线，建立一道针对俄国亚洲部分的防线。

阿道夫·希特勒

军事演练

实施“巴巴罗萨”行动之前，陆军部队的军事演练是由我负责的，地点在德国柏林南部的措森，时间是1940年12月中旬。这次演练持续了两天，刚好在国防军最高统帅颁布21号训令前夕。

在国防军最高统帅部的指示下，陆军最高统帅部从7月份开始对攻打苏联进行战略战术研究，在此基础上形成了最基本的资料。这项战略战术研究最开始是由埃里希·马尔克斯上将负责，在我到陆军参谋部任职后，这项工作就交由我负责完成。

7月初，哈尔德将军要求时任第18集团军参谋长的冯·马尔克斯（von Marcks）制订一个攻打苏联的军事部署计划。马尔克斯给此计划命名为“奥托”，也就是后来“巴巴罗萨”行动计划的雏形①。马尔克斯把整个

① 由冯·洛斯伯格制订的第二行动计划被命名为“弗里茨”。希特勒最终选择了“巴巴罗萨”作为这次行动代号。“巴巴罗萨”来自于神圣罗马帝国皇帝腓特烈一世的绰号“红胡子”，他于1189年发起第三次十字军东征，是希特勒最崇拜的人物。

作战行动分为四个阶段：首先击退进攻的苏军，其次楔入敌深远纵深并包围敌人的防御阵地，然后迅速攻占莫斯科、列宁格勒和乌克兰东部，最后占领伏尔加河和德维纳河之间的顿河地区。

1940 年 7 月 29 日，约德尔将军在同希特勒会晤后，命令冯·洛斯伯格（von Lossberg）对东线展开军事行动调研。他计划由三个集团军群同时发起攻击，其中两个集团军群从普里皮亚季沼泽地北边发起进攻，另外一个集团军群从南部进攻。北边两个集团军群中，一个集团军群占领或摧毁列宁格勒，另一个实力最强的集团军群经布列斯特、明斯克、斯摩棱斯克进攻莫斯科。南方集团军群的目标是攻往人口密集的农业心脏地带——乌克兰，在卢布林至多瑙河口地区展开攻下基辅，再向顿巴斯进攻，接着攻入南方的俄罗斯大草原直到伏尔加河以及石油丰富的高加索地区。冯·洛斯伯格计划最终占领阿尔汉格尔斯克—高尔基—伏尔加（斯大林格勒）—顿河（黑海）沿线。

即使在军事演练期间，各方会就已掌握的情报进行讨论。我不想披露更多细节。但是，陆军部队向国防军最高统帅部和空军司令部均提出以下几点请求：

1. 让帝国空军部队和陆军部队在战场上紧密配合，利用帝国空军部队遏制敌机，掩护陆军部队从地面对敌军部队发起攻击，此处至关重要。

2. 通过各个公路和铁路的交通枢纽站点，不停地对苏军实施猛烈进攻。

在正式发起进攻前进行的军事演练足以说明德军对此次军事行动谨小慎微。理论上讲，德军的三个集团军群是由在前线地域进行实战训练的预备役部队组建的，而把大概 11 个师的预备役加强部队部署在近2000公里的战线上明显不足。

预备役部队，亦即G集团军，在苏德战争的第二阶段投入全面战斗，执行攻打莫斯科的任务，因为此时德军不可能指望从前线的其他集团军中抽调人马来执行该任务。

至于此次行动的终极目标——占领伏尔加河—阿尔汉格尔斯克一线，明显超出德军能力范围。而且，从对战争的主导以及国家社会主义方面来讲，这个终极目标是一种缺乏克制的表现。

就是具备了这些基础，人们从此全力以赴筹划对苏俄作战的计划。

希特勒领导的国防军最高统帅部从一开始就与陆军部队总参谋部在作战计划和行动目标方面产生了分歧。

陆军总司令布劳希奇和陆军参谋总长哈尔德主张歼灭部署在俄国西部地区的苏俄陆军主力，阻止其有作战能力的部队大规模撤至俄国纵深地区。他们认为，作为苏联首都的莫斯科应该是此次军事行动的首要攻击目标。万一无法立即取得成功，德军就将陷入长期的消耗战，这点对德军极为不利。

而希特勒的想法却与陆军部队完全不同。他认为列宁格勒是苏联的革命圣地，只要攻陷列宁格勒就可以有效瓦解苏军的斗志；同时列宁格勒地区是苏联最大的工业基地，占领该区可以相当程度摧毁苏联的战争潜力，这样就可以大大削弱莫斯科的防御能力，莫斯科就唾手可得。

除此之外，他把目光聚焦在乌克兰和高加索地区，因为这些地区蕴藏着极其重要的经济资源。夺取了这两个地区，就意味着攫取了粮食、矿石、煤炭以及石油。

希特勒确信，依托这些占领区的资源，他就可以巩固其霸

> 权，实现欧洲的长治久安。正如我们前面所说，他坚信借此机会可使英国向德国俯首称臣，从而结束西线战役。他于1941年6月，即入侵苏联前夕，在柏林的一次高级军官会议上表达了他的想法。为了结束这场准备已久但却未实施的对英登陆作战，他不惜重新开辟另外一场新的战役。他经常取笑那些有两线作战想法的人，然而这次他却决绝地在两线同时开战。

德军制定的目标是用五个月的时间在1800公里长的战线上纵深推进1750公里，在如此短暂的时间内攻占三百多万平方公里的东欧平原，相当于法国国土面积的14倍，这是极不现实的[①]。然而无人对此提出异议。保卢斯后来证实，该作战目标是国家社会主义极端化的表现，是哈尔德和他的陆军部队最高统帅部向希特勒提出的疯狂作战计划。

保卢斯提到的双方分歧实际上可以追溯到1940年7月。在这场庞大的战争中，对于首先攻打何处，哈尔德和希特勒从一开始就没有达成共识。哈尔德一心想先攻克首都莫斯科，因为莫斯科是整个苏联的铁路枢纽和工业中心，至关重要的是能切断西俄同东俄的联系[②]。但希特勒的想法正好相反，他认为莫斯科仅仅是一个“地理概念”，只有莫斯科的侧翼才具重要性：在莫斯科北边，濒临波罗的海的列宁格勒，作为布尔什维克老巢，是一个极具象征意义的城市；在南边，有蕴含着丰富的粮食、矿石和石油资源的乌克兰，再往南边，还有可能借助外交手段使土耳其加入轴心

---

① 参见大卫·格兰茨:《脱轨的巴巴罗萨行动：斯摩棱斯克战役（1941年7月10日～9月10日）》，第1卷，索利赫尔，赫利昂出版社，2010年，第18页。

② 参见弗里德黑尔姆·克莱恩（Freidhelm Klein），英戈·拉西尼特（Igo Lachnit）：《马尔克斯将军的行动计划，1940年8月》，载《国防研究》第4期，第116页。被大卫·斯塔赫尔（David Stahel）引用于《巴巴罗萨计划与德军在东线惨败》，剑桥，剑桥大学出版社，2009年，第40页。

国。进入这些地区后，德国即可获得重要的经济资源和战略资源，维持德国战争机器更好地运行，从而使英国臣服。

为战胜苏联红军，德军精心策划了多场大规模的围剿歼灭战。他们认为只要红军大量减员，就可获得胜利①。不过，受作战时间和空间限制，希特勒及其将领发现，长期两线作战在后勤补给和人员补充方面将存在很大问题。然而，正如我们所见，所有人仍然一致认为苏联红军一触即溃。

希特勒与陆军最高统帅部就作战行动步骤的分歧一直持续到1941年12月份。1941年整个夏季，到底是优先攻打列宁格勒、莫斯科，还是乌克兰，这始终随他们的心情和战况而定。然而，希特勒做出了最终选择：集中优势兵力攻打列宁格勒。这个被保卢斯认为是“荒唐的主意”，却是最佳的、最可行的，因为这是最合理的决定。攻占列宁格勒，就可使德军控制波罗的海地区，从而为其畅通无阻地提供后勤补给。

双方的军事实力对比

德国：共计210个师。其中11个驻守挪威和敦刻尔克，41个驻守法国，4个驻守非洲。

剩余的154个师全部调集在苏联边境。其中包含107个步兵师、1个骑兵师、18个装甲师、18个摩托化师、10个师的党卫军。在战争初期，还有10个师的罗马尼亚部队。

① 德军未考虑到现代战争中军队战斗力的恢复情况，特别是苏德战争中苏军兵力的补充令人难以置信。希特勒为彻底打垮苏联，摧毁其经济能力，于1942年发起多次考虑欠佳的军事行动，然而屡次错失良机。

苏联：共计50个摩托化装甲旅和185个步兵师。其中20个师驻守在芬兰前线，15个在高加索地区，25个驻扎在远东地区。

苏德前线兵力部署情况：50个摩托化装甲旅和125个步兵师。战争开始三个月后，苏军新增或从其他战线调来30个～40个师，战争进行到半年后，共计新增100个师。

我们对德军的优势做一总结：

1．炮兵部队，包括其侦察部队；

2．主战坦克；

3．通信手段；

4．压倒性的空军优势。

同时，尽管苏军在指挥官配备与作战装备上存在不足，但我们也不得不承认苏军在兵力上可以源源不断地补充，以弥补战争中的减员。

由保卢斯提供的数据可以看出，苏联军队确实在兵力后期补员方面占绝对优势。尽管苏联人自己也无法统计出准确数字，但是他们这点比德军更有先见之明。保卢斯深知，一旦开战，前几周的战局进展对整个战役的胜负影响极大。于是在战前演练时，他就把整个战役假想为两个阶段并让人记载结果：开战后的一周为第一阶段，三周后为第二阶段。

在模拟演练过程的第一阶段，保卢斯注意到蓝军（德军）集团军群可勉强夺取既定军事目标，通过闪电战战术，装甲军群之间也可对红军（苏军）实施快速包围，但已超出他们的作战能力范围。另外，他们的侧翼还可能会遭到红军增援部队的猛烈袭击。保卢斯最终的结论是：当蓝军在作战强度和作战限度上达到“顶点”后，攻击力便会逐渐由强变弱，此时红军将试图发起反攻，并摧毁蓝军的先头部队，从而破坏闪电战计划①。这样蓝军将错失快速穿过敌军防线包围敌人的良机，丧失其高机动性，从而陷陆军部队于不利境地。因此保卢斯主张把德军陆军部队归并于装甲军群，以协助装甲部队更好地实施闪电战行动。然而这只是一个暂时性的解决方案，因为另一主要问题无法解决：如何迅速协调好陆军部队与机械化部队之间的关系。

在第二阶段，保卢斯通过观察发现，红军的反攻将迫使蓝军退回到第聂伯河—德维纳河一线，进而导致蓝军原行动计划的失败。保卢斯意识到红军不仅会从高加索地区搬援兵，而且会对减员部队进行增员，甚至创建新的部队。在模拟演练过程中，当红军向莫斯科方向大规模退守时，他们用空间换时间，以争取重整部队反攻。于是保卢斯提出有待解决的核心问题：当德军从漫长的战线纵深切入苏联腹地后，如何从空间上平衡地部署兵力，以防止苏军反攻而重新夺回失地？在保卢斯看来，只有一个方案可供选择：集中三个集团军群的兵力，先攻取莫斯科。

保卢斯到底从模拟演练中得到了什么教训？德军在兵力上不占优势，不可能指望援军来同苏军抗衡②。但他误认为德军在战略装备方面比苏军占优势，因此可以抵偿兵力上的劣势。其实苏联部队从各方面都比德军占优势，尤其在生产制造方面远超其对手。德国情报机构仅获悉苏联侧重于重工业制造，但是并不清楚具体数量。除此之外，德军的模拟演练既没考虑

① 德军的闪电战战术就是一个神话，该战术既不是战争学说，也不是战争理论，是第二次世界大战期间德军经常使用的一种战术，它充分利用飞机、坦克、装甲车的快捷优势，以突然袭击的方式制敌取胜。唯一一次精心策划的闪电战就是 1941 年发起的对苏战争，然而却以失败告终。

② 实际上，德军兵力在战争初期比苏军多 37 万。然而苏军刚开始有 550 万人未参战，另外还有 1400 多万后备军。参见恩斯特 · 克林克（Ernst Klink）：《战争对苏联的军事意义》，载于《德意志帝国和第二次世界战争》第 3 卷，第 270 页。

气候因素，也没有考虑后勤补给问题[①]。通过模拟演练找到存在的问题后，保卢斯将如何克服这些问题，从而更好地指挥“巴巴罗萨”行动？埃尔温·雅内克将军帮我们回答了这个问题：“纵然保卢斯才华横溢，但他却不能灵活地拒绝希特勒的命令。我深信这才是他最终失败的根本原因。”[②]至于保卢斯对行动计划中存在的严重不足，也从未提醒哈尔德加以注意。确实，尽管保卢斯颇具军事才华，然而由于他同希特勒一样持乐观态度，所以他也对“巴巴罗萨”行动会取得成功而深信不疑。

① 自1940年12月23日起，机械化部队和摩托化部队必需的橡胶原料库存不足，令保卢斯感到惊慌不已。他向哈尔德指出，正是由于轮胎的严重磨损，10个装甲师只能发挥出90%的作战能力；而且在“巴巴罗萨”计划投入使用的运载工具中，有20%因为缺少轮胎而不能正常使用。参见大卫·格兰茨：《脱轨的巴巴罗萨行动：斯摩棱斯克战役（1941年7月10日～9月10日）》，第1卷，索利赫尔，赫利昂出版社，2010年，第70页。

② 塞缪尔·米查姆（Samuel Mitcham）：《希特勒的陆军元帅以及他们的战役》，兰哈姆，库珀广场出版社，2001年，第235页。

第三章　陆军总参谋部副总参谋长

在成功入侵波兰、攻克法国后，希特勒一直沉浸在胜利的喜悦中，他意欲凭借强大的德国国防军以及其潜在的盟友尽快打垮苏联。事实上，整个第二章中的第 21 号训令都是专门为“潜在的盟国以及德军国防军”颁布的。1940 年 9 月，希特勒打算让苏联的宿敌芬兰以及罗马尼亚亲德政府领导人扬·安东内斯库（Ion Antonescu）①领导的罗马尼亚军队加入这场战争。这两个国家其实是德国对苏联发起进攻的两个前线基地，也是德国入侵苏联时分别位于北边和南边的两个侧翼。另外，在这场“反对布尔什维主义的伟大圣战”中，芬兰和罗马尼亚还可为德国提供一定数量的兵力支持。而此时的保卢斯只是陆军司令部的参谋，负责制订攻打苏联的军事计

---

① 1940 年 8 月 30 日的第二次维也纳仲裁裁决，德国和意大利迫使罗马尼亚将特兰西瓦尼亚地区的一半割让给匈牙利。在“大罗马尼亚”被瓜分之后，罗马尼亚国王卡罗尔二世于 9 月 4 日委任扬·安东内斯库组成政府，其本人再度流亡国外。从那时起，罗马尼亚与匈牙利之间的战争一触即发。

划。由于他极具才华、精明能干且善于交际，他被选派前往调停芬兰与苏联之间的争端。

原计划于1941年5月15日发起的“巴巴罗萨”行动，因德国盟友意大利在希腊惨败而推迟。1940年7月开始，希特勒就向哈尔德表示，不希望进攻苏联时在南边巴尔干地区出现问题。他的推论基于以下两方面：首先出于经济方面考虑。德国在巴尔干地区获得大量石油（罗马尼亚）、铜、铬、铝土以及锡（南斯拉夫）等资源，通过多瑙河运送至德国。其次出于战略方面考虑。希特勒担心英国人介入该地区，从而再次重演一战时萨洛尼卡战役的悲剧。他特别担心英国会在巴尔干地区建立空军基地，并派战机轰炸罗马尼亚普洛耶什蒂油田。巴尔干地区当前乃至后来很长时间都是一个名副其实的火药库，因此在此地不宜进行任何军事行动。希特勒也是谨慎对待这里的各个国家，希望把它们拉拢进轴心国，缓解这个地区的紧张局势。希特勒曾告诫墨索里尼不要在这个地区轻举妄动，后者对该地区的南斯拉夫和希腊觊觎已久。然而，由于担心苏联或英国会介入普洛耶什蒂，希特勒于1940年10月急遣部队进入罗马尼亚，并迫使罗马尼亚接受德国对其在普洛耶什蒂油田的保护。得知这个消息后，墨索里尼感到被深深伤害了，因为他在巴尔干半岛的利益受到了德国的威胁。于是他于10月28日从阿尔巴尼亚（1939年4月被意大利占领）向希腊开战。希特勒所期望的和平局势被打破了，于是他不得不介入该战争，以帮助其盟友意大利攻打希腊。

由于准备不充分，而且后勤补给跟不上，意大利在希意战争中遭遇惨败。1940年11月14日，意大利军队在希腊的猛烈反攻中被赶回到阿尔巴尼亚。墨索里尼不得不向其盟友德国求救。希特勒考虑到英国正在同希腊商谈介入这场战争的可能性，于是他决定出兵帮助意大利。11月12日，希特勒签署第18号训令（“玛丽塔”作战行动），调集驻扎在罗马尼亚和保加利亚的第12集团军向希腊的塞萨洛尼基发起进攻。为了不引起莫斯科的怀疑，他把出兵目的事先电告斯大林，出乎意料的是斯大林竟然什么都没有说。

第一拨英军在1941年3月7日登陆希腊，10天后，希特勒向希腊发动了进攻。但是希特勒担心南斯拉夫会有其他不利德军的举动，于是他一方面向南斯拉夫施加压力，另一方面给予其一些经济援助，最终说服保罗亲王于3月25日签订加入轴心国的协议。然而在签订协议后的第3天，在英国情报部门的煽动下，塞尔维亚军官发动军事政变，建立亲英政府。这个意外令希特勒非常震怒，他决定延迟进攻苏联的巴巴罗萨作战，以出兵惩罚南斯拉夫的背叛。3月28日，希特勒签署第25号训令，再次确认“玛丽塔”作战行动。1941年4月6日，轴心国军队从四方入侵南斯拉夫，德意志国防军开始对贝尔格莱德进行轰炸。4月10日，克罗地亚首都萨格勒布沦陷，克罗地亚乌斯塔沙创建人安特·帕韦利奇(Ante Pavelic)[①]主张克罗地亚脱离南斯拉夫王国。南斯拉夫只抵抗了11天便在4月17日投降。4月23日，希腊投降。在希特勒看来，这是一次完美而且非常成功的军事行动，然而“玛丽塔”行动却推迟了他的“巴巴罗萨”行动。他不得不向国防军最高统帅部下令把对苏“巴巴罗萨”行动推迟一个月进行[②]。

保卢斯的这些文献资料从军事层面和外交层面向我们揭示了“巴巴罗萨”行动的内幕。他当时具有双重身份：一方面，他作为军事特使被派往

---

① 其为极端民族主义组织——乌斯塔沙组织的领袖，后来成为克罗地亚独立国领导人。在德意志帝国的怂恿下，帕韦利奇的乌斯塔沙政权积极响应纳粹的种族净化政策，残酷地镇压塞尔维亚人、犹太人和吉普赛人。

② 与这里有出入的是，“巴巴罗萨”行动延期并没对德国入侵苏联造成影响。据大卫·格兰茨回忆，没有按原定时间5月15日发起进攻，主要是受天气条件限制以及武器装备未到位。因此希特勒重新选择了其他时间发起进攻。

东北欧调解苏联入侵芬兰的纷争。他在文献资料中揭露了德国与其中欧盟友之间令人难以置信的政治和外交纠葛，尤其是德国同匈牙利和罗马尼亚之间的关系。另一方面，保卢斯向我们呈现了“巴巴罗萨”行动中，德军在各个阶段取得的胜利和经历的失败。因为此时的保卢斯是陆军最高统帅部和三个集团军群之间的联络官，他最清楚整个“巴巴罗萨”行动的进展情况。通过以上分析，保卢斯错误地把斯大林格勒战役的悲剧同“巴巴罗萨”行动结合起来，仿佛是为自1943年2月以来一直萦绕在其脑海里的问题找到了答案。

自德国决定对苏联开战之后，德军在东线所有的军事部署全部按照“巴巴罗萨”行动计划进行。然而这些军事部署并没有立即同步进行，而是花费了相当长的一段时间进行调兵遣将。法国战役一结束，德军就开始把部队往波兰和东普鲁士调遣，然而这个工作一直到1940年7月份才结束。

德军依次自西向东调遣部队，先是调遣B集团军群（即后来的中央集团军群）驻防波森省，接着依次是第12集团军（由驻扎在扎科帕内市的第17集团军改组组建）驻防克拉科夫市、第4集团军驻防华沙、第18集团军驻防柯尼斯堡。

此后又在东线地区任命了八九个本土指挥官，并调派了25个师至30个师的兵力常驻这些地区。

自9月中旬起，德国着手部署征兵工作，新增加了四十多个师的兵力。

11月初，对从法国撤回的大批部队进行如下部署：C集团军群部署在德累斯顿；第2集团军驻守慕尼黑；第11集团军驻扎莱比锡。

从1941年4月初开始，德国仍不断在东线做军事调整：成立北方集团军群（以前的C集团军群），同时把第16集团军和第4装甲军划归北方集团军群；把第9集团军以及第2、3装甲军划归中央集团军群；成立南方集团军群（以前的A集团军群），并把第1装甲集团军（从南斯拉夫调回）、第6集团军以及第11集团军（曾被派往罗马尼亚）划归南方集团军群。

同时，德国方面不断自西往东加强兵力的运送。

德国盟友：芬兰

通过外交或其他手段动员其他国家加入到攻打苏联的行动中来，是我们对苏作战准备工作的一部分。

至于芬兰的态度，我早就知道是可以和他们进行谈判的。

1940年12月，哈尔德将军在措森的司令部会见了芬兰部队总参谋部的成员，在那时已向芬兰方面透露了德国入侵苏联的“巴巴罗萨”行动计划。在我们看来，芬兰根据1939年的冬季战争，可以向我们提供一些关于苏联军队战斗力以及武器装备等方面的信息。会见的当天晚上，我们盛情宴请了芬兰使团。

接着，德国国防军最高统帅部的高级将领们，主要是德军最高统帅部作战局局长约德尔、德军国防处长瓦尔特·瓦利蒙特（Walter Warlimont）以及德军参谋长埃里希·布申哈根（Erich Buschenhagen），就如何攻打苏军摩尔曼斯克港的海军基地达成了初步意向。

1941年2月，德国国防军最高统帅部下令重启同芬兰总参谋部的谈判，旨在协调双方对苏联进行军事行动的部署。挪威陆军参谋部协同芬兰军队共同研究制订向摩尔曼斯克港以及白海派兵的作战计划。通过为期8天至10天的共同研究，3月3日，挪威和芬兰两国在奥斯陆签署了一份谅解备忘录。

4月底，在德最高统帅部批准了这些作战方案后，派布申哈根上将赴赫尔辛基，就军事动员的时间、如何伪装掩饰（通过召集预备役人员）以及集中德军和芬兰军队的问题同阿克塞尔·埃里克·海因里希斯（Eric Heinrichs）上将进一步磋商。德国陆军部队最高统帅部则负责制订联合芬兰部队攻打列宁格勒的作战计划。继这些会谈之后，德方正式接待了芬兰总统、三军统帅卡尔·古斯塔夫·曼纳海姆（Carl Gustaf Emil Mannerheim）的来访。

1941年5月，芬兰派海因里希斯到德国同德国国防军参谋部会谈。他下榻在萨尔茨堡的一家旅馆，然而希特勒并未亲自接见他。此次会见是由芬兰特派军事专员塔波拉（Tapola）同凯特尔、约德尔以及博克纳（Burkner）之间进行的。同时，海因里希斯在柏林停留期间，就德国向芬兰提供武器事宜进行了交流。大概在6月12日还是13日，德军部队开赴芬兰。德军部队在布申哈根和埃尔福特的带领下，从德国柯尼斯堡开拔，向芬兰赫尔辛基进发，他们将在那里同海因里希斯会合。

由于苏联于1939年冬入侵芬兰，并抢占了芬兰10%的国土。因此，所有人都可以看出，其实德国根本就没有向芬兰施加任何压力，完全是芬兰政府出于自愿，毫不犹豫地加入到这场对苏战争中来。

芬兰是德国入侵苏联最主要的盟国，而且在“巴巴罗萨”行动中发挥了至关重要的作用。在德国入侵苏联时，芬兰部队负责掩护自挪威调集来的德军右翼，同时向拉多加湖畔推进，对苏联红军部队造成压力。根据第 21 号训令要求，芬兰军队另外需要重新夺回位于芬兰最南端的港口城市——汉科市，该港口于 1939 冬至 1940 年初在苏芬战争（即冬季战争）中被苏联占领。芬兰部队此次军事行动的最终目标是摧毁苏联位于波罗的海的海军部队，从而为德国海军从海上给德军右翼部队运送补给打开一条通道。

希特勒于 1940 年 12 月就此强调了芬兰军队的重要性，而且在“巴巴罗萨”行动发起前夕再次重申：德国国防军的行动重心必须放在东普鲁士—列宁格勒一线。

作为俄罗斯进入波罗的海的重要通道、苏联防御芬兰的桥头堡，列宁格勒是俄罗斯西北边极为重要的门户城市。而且这座城市极具象征意义：沙皇俄国的首都；曾经沙俄政治、经济、文化的中心；1917 年布尔什维克革命的发祥地。从经济层面来说，列宁格勒是俄罗斯通往欧洲的窗口，为苏联提供了 11% 的工业生产。以上这些因素都是希特勒认为应该优先攻打列宁格勒的理由。苏联为达到保护列宁格勒的目的，于 1939 年 11 月至 1940 年 3 月期间[①]对芬兰发起战争，要求芬兰将边界从列宁格勒后退 25 公里，并租借汉科半岛 30 年，由苏联掌控芬兰湾，并在喀琅施塔得军港建设海军基地，作为交换，苏联割让两倍的卡累利阿领土给芬兰。

苏芬之间的争端使得芬兰逐渐靠向柏林这边。保卢斯的描述有时候会略有一些细微的差别。诚然，芬兰完全有机会重新夺回被苏联侵占的土

① 苏联军队在苏芬战争前几个月所经历的惨败，让希特勒误以为苏联红军不堪一击。

地，但曼纳海姆元帅[①]在这场战争中却扮演着一个暧昧的角色。曼纳海姆知道芬兰所担负的责任重大，然而在芬兰收复失地后，多次拒绝协助德国攻打苏联本土，并将战争仅仅局限在保卫主权独立、收复被苏占领土地上。当时如果不是轴心国军队把苏军打得喘不过气，斯大林肯定会愤怒地对芬兰进行报复。1941 年底，曼纳海姆在同希特勒会见后就私下断言德国必败无疑。直到 1944 年盟军到来，芬兰军队在卡累利阿基本上没有进行任何军事行动。

德国盟友：匈牙利

我自己也不清楚到底是什么原因让匈牙利也加入到这场战争中来。由于苏联方面要求我对匈牙利加入轴心国的动机进行阐释，那我这里就我本人所了解的情况加以介绍。

显而易见的是，希特勒为实现统治中欧的目的，就需要同匈牙利合作。他预计后者必将同德国合作的原因有二：一方面，匈牙利希望在德国的帮助下夺回 1918 年被分割出去的土地；另一方面，由于其邻国、宿敌罗马尼亚当前紧随德国，匈牙利认为只有同德国合作，才会避免战火烧身。

不过，希特勒从一开始就对匈牙利加入轴心国持非常保守的态度。鉴于匈牙利同德国的敌对国，特别是英国，保持着非常密切的关系，因此他担心一旦同匈牙利合作，德军今后的军事行动机密可能无法得到充分的保障。同时希特勒也不愿意介入匈牙利

① 曼纳海姆是沙皇军队前军官，当时为芬兰军队三军统帅，于 1944 年任芬兰总统。

的领土纷争中去，从而让匈牙利受益。由此得知，在德国所拉拢的未来盟友中，匈牙利只是一个最不起眼的小角色。

其次，截止 1940 年年底，面对现代化的战争，匈牙利军队无论是在编制、装备还是军需补给方面都有待改进。因此德国国防军最高统帅部敦促匈牙利加紧其军队现代化，以应对苏联的现代化部队。自 1940 年秋起，匈牙利已经意识到罗马尼亚军队在德国援助下不断强大。德国经过匈牙利境内向罗马尼亚运送大批部队和军需品，这更激发了匈牙利强军的想法，以免落后于其强邻。尤其是匈牙利和罗马尼亚两国在特兰西瓦尼亚的归属问题上产生的分歧，导致双方一直保持着紧张的敌对关系。在德国看来，匈罗两国的这种关系远比出兵巴尔干地区帮助意大利攻打希腊要复杂得多。

大概在 1940 年 12 月，匈牙利下定决心对其军队现代化。

在德国国防军最高统帅部的安排下，匈牙利总参谋部行动部队长官拉斯洛（Laszlo）上校来到位于措森的陆军部队最高统帅部同我们会见。他向我们请教关于军队编制的各种问题，比如陆军部队改旅建师的问题、建立装甲部队的问题，等等。我会同陆军最高统帅部编制部长官一起负责向拉斯洛上校提供文献资料。在同一时间，匈牙利各部门在匈牙利战争部长的率领下，来到柏林商谈关于武器、坦克、战机以及其他战需物资交付事宜。

1941 年 3 月底，南斯拉夫首都贝尔格莱德发生了由南国空军总司令杜尚 · 西莫维奇（Dushan Simovic）上将领导的军事政变，宣布废除摄政王保罗亲王与德国签订的三国协约，并与苏联签订友好条约。希特勒对南国的转变既震惊又愤怒，下达了元首第 25 号训令，指示德国国防军做好"摧毁南斯拉夫"的准备。入侵南斯拉夫的决定起源于德国即将展开对苏联的战争，出于巩固其侧翼安全的目的，德国需要保证从保加利亚到希腊一线相安无事，同时获得从贝尔格莱德到尼施讷（Nischne）的铁路线，最终确保“巴巴罗萨”行动中德军右翼的绝对安全。德军这次入侵南国的军事行动只能从匈牙利境内开始。

正是因为这个原因，我和国防军最高统帅部的几位专家以军参代表的身份被派往布达佩斯。同时，我们需要争取匈牙利军队加入到此次军事行动中来。我的任务仅仅是会同匈牙利参谋部为我们的联合部队制定具体的战前军事措施。1940年3月30日，我代表德国同匈牙利总参谋长韦斯将军就德匈在军事方面的合作达成一项全面协议。

轴心国除了调配既定匈牙利兵力进攻南斯拉夫外，还把大量的匈军部署在匈苏边境。有证据表明，匈牙利担心一旦参与进攻南斯拉夫，苏联的态度有可能发生改变，从而对其发起攻击。

在我抵达布达佩斯后，收到来自德国国防军最高统帅部的一份正式命令：严禁泄露任何有关“巴巴罗萨”行动的信息。即使在快速取得南斯拉夫战争的胜利后，这项禁令仍被要求严格执行。

其实希特勒通过说服匈牙利加入入侵南斯拉夫的战争中来的目的非常明显，就是希望借助匈牙利的兵力来攻打南斯拉夫以及支持南斯拉夫的国家，这样就可以腾出优秀的德国国防军来为“巴巴罗萨”行动做准备。

也仅仅是在不久之后，德国在作战方案中明确了匈牙利军队在苏德战争中的行动目标和进攻方向。在德军正式向苏军发起进攻之前，匈牙利方面绝不可能得到任何关于“巴巴罗萨”行动计划的消息。事实上，匈牙利军队也确实是在“巴巴罗萨”行动开始实施几天后才知道德军入侵苏联。即便如此，匈牙利的精英部队仍和往常一样，仅仅是驻扎在罗马尼亚边境，而没有被派往前线，直接投入战斗。

根据这些不同的研究结果我们可以看出，希特勒一方面积极说服匈牙利参与对苏战争，而另一方面他又始终对匈牙利保持模糊态度，总是在等待所谓的“合适时机”让匈真正步入轴心国阵营。

正如保卢斯回忆，在希特勒眼里，中欧国家的态度对苏德战争的影响举足轻重。一个至关重要的因素就是，战争所需的大量石油和矿产资源必须途经这些国内局势极不稳定的国家，经过多瑙河运送至德国。因此，在他制订入侵苏联的诸多计划中，罗马尼亚一直扮演一个主要的角色。匈牙利、罗马尼亚、保加利亚、南斯拉夫以及希腊之间的紧张关系由来已久[①]。急切地希望保持同英国和俄罗斯之间的差距，希特勒不遗余力地避免点燃这个火药桶的导火索。然而，点燃火药桶的火花极有可能是由匈牙利和罗马尼亚之间的摩擦引起。自维也纳仲裁裁决之后，罗马尼亚军事法西斯独裁者扬·安东内斯库一心想重新夺回被匈牙利分割的领土。安东内斯库的想法是，只要希特勒能帮他重新夺回领土，他就愿意完全介入这场“讨伐布尔什维主义”的战争中来。

匈牙利素来对德国持怀疑态度，然而这并未影响它染指德国在巴尔干地区的军事行动，并派遣其第3集团军随德军参战。霍尔蒂·米克洛什

---

① 在霍尔蒂·米克洛什执政期间，匈牙利施行的是激进的马扎尔化政策，排斥异族，特别是塞尔维亚人和罗马尼亚人，但是并不排斥德国人。参见马克·马佐尔（Mark Mazower）：《希特勒的帝国：纳粹是如何统治欧洲的？》，纽约，企鹅出版社，2008年，第328页。

(Horthy Miklós) 元帅这样做的目的同样是为了扩大领土，同样是为了将来一旦同罗马尼亚发生冲突，能够得到德国的庇护。不过，在进攻苏联的问题上，霍尔蒂有所犹豫，主要原因有二：一方面，由于匈牙利同英国之间的关系向来不错，因此他不想得罪英国；另一方面，他想保存自己精英部队的实力，以防罗马尼亚人的侵袭。霍尔蒂和希特勒之间的这种奇怪联盟就这样建立起来了。

而希特勒也并未打算在“巴巴罗萨”行动的第一阶段使用匈牙利军队，保卢斯对此作了公正的记载。但保卢斯忘记提及的一件事是，希特勒因匈牙利问题同陆军最高统帅部产生了矛盾。1941 年 2 月 3 日，哈尔德将军在会议上指出，元首应签署命令，让匈牙利军队穿越喀尔巴阡山抵达前线同苏联红军作战，以驰援德国国防军。然而，希特勒当即明确拒绝了哈尔德的计划。3 月 14 日，谈及关于德军后勤补给运输路线问题时，哈尔德强调，匈牙利、罗马尼亚以及斯洛伐克军队的加入，可以大大加强德第 12 集团军和 17 集团军的战斗力。可是希特勒再次拒绝了哈尔德的建议，并指出，首先不能相信匈牙利人；其次罗马尼亚人又过于衰弱，上不了战场；而斯洛伐克军队主要是斯拉夫人，也不可信。希特勒说道，只有德国人才是哈尔德唯一能够信任的民族[①]。南方集团军群总司令冯·龙德施泰特也多次试图向希特勒谏言，陈述在“巴巴罗萨”行动中利用匈牙利军队的必要性，然而全部徒劳。

我们前面说过，霍尔蒂并不愿意介入这场对苏行动。为了迫使匈牙利参战，1941 年 6 月 26 日，德军伪装成苏联红军对卡萨市和穆卡切沃市进行轰炸[②]，以制造苏联进攻匈牙利的假象。自 1941 年 8 月起，尽管

① 参见大卫·斯塔赫尔：《巴巴罗萨行动》，索利赫尔，赫利昂出版社，2010 年，第 88 页。
② 参见让·洛佩兹：《处于战争边缘的斯大林格勒》，巴黎，经济出版社，2008 年，第 38 页。

匈牙利在苏德战争初期遭受了轻微的损失，但它却开始试图摆脱这个危险的盟友。

随着德军在巴尔干地区取得胜利，整个战局的进展对德军下一步行动极为有利（在快速取得对希腊和南斯拉夫的胜利后，我尽可能避免再次来到这个地区），于是把进攻苏联的时间定为1941年6月22日。

……即使到这个时候，德国国防军最高统帅部和陆军最高统帅部仍就行动计划存在分歧。而且在整个1941年到1942年期间，双方各执一词，互不让步……甚至是在斯大林格勒战役打响后，双方在行动计划的分歧上仍然喋喋不休。

为了弄明白为什么德军的进攻会失败，而且最终在1942年12月至1943年1月期间遭遇惨败，那我们很有必要大致研究一下儿德军自“巴巴罗萨”行动启动初期的对苏军事行动部署[①]。

德军1941年在侵苏战争初期的行动目标和整体意向

根据我在德军最高统帅部制定完成的德军对苏行动整体意向，某些军事战略目标已经下达到军队。

北边，首当其冲的进攻目标是莫斯科。倘若要夺取莫斯科，

① 保卢斯这里的描述大错特错。斯大林格勒战役不是在1941年展开的，而且斯大林格勒也不是德军在1942年夏季优先考虑攻击的目标。“在这场战争中最有可能避免的战役，就是保卢斯指挥的这场斯大林格勒战役。”参见让·洛佩兹：《处于战争边缘的斯大林格勒》，巴黎，经济出版社，2008年，第8页。

首先要摧毁驻扎在波罗的海国家的俄军，然后立即夺取列宁格勒和喀琅施塔得，最终彻底消灭驻守在波罗的海两个主要海军基地的俄罗斯海军部队。南边，乌克兰是主要进攻目标，从而夺取高加索地区的所有油田。

在德国国防军最高统帅部的行动计划中，大家一致同意先夺取莫斯科，但必须先攻克列宁格勒。主要基于以下几个原因：

首先，消灭苏军赖以支撑的海军舰队；其次，使苏联老工业区陷入瘫痪；最后，也是最重要的一点，占领列宁格勒后，可以钳制莫斯科，解除后顾之忧。

1941年1月22日，德军公布了“巴巴罗萨”行动军事部署的初步版本。该训令强调，必须彻底摧毁驻扎在俄罗斯西部的大量敌军，以免其后撤。第二个阶段命名为“敌军位置”，确保在西边的第聂伯河—德维纳河一线同苏军作战。其具体行动目标如下：

冯·博克元帅领导的中央集团军群必须集中优势兵力自华沙和索瓦兰吉一线投入战斗，以突入斯摩棱斯克地区，绕过敌军强大的机动部队，从而同威廉·冯·勒布（Wilhelm Ritter von Leeb）元帅指挥的北方集团军群会合，会同北方集团军群自东普鲁士向列宁格勒挺进，并肃清沿途敌军①。

此文件表明，为了彻底摧毁苏军，“停止向北方推进，暂停攻打莫斯

① 参见弗朗兹·哈尔德：《哈尔德战争日记》（1939年～1942年），诺瓦托，要塞出版社，1988年，第464页～465页。

科的计划将被采纳”。陆军总司令冯·布劳希奇元帅签署了军事部署训令，要求此次行动的首要目标是拿下莫斯科，刚好与希特勒所期望的目标相悖。保卢斯此处略去未提的是，当时陆军最高统帅部除了接受优先攻打列宁格勒的命令外，别无选择。与此同时，陆军总司令冯·布劳希奇元帅和总参谋长哈尔德将军瞒着希特勒制订了一套平行方案。一旦苏德战争爆发，哈尔德认为有可能让希特勒改变主意，重新修改作战计划，优先攻打莫斯科。

行动计划的执行

对行动计划的执行是分几个阶段进行的。

此次军事行动的总体路线即为最初的目标：基辅（第聂伯河上的桥头堡）—斯摩棱斯克一线，接着是伊尔门湖两侧的地区。陆军最高统帅部签署的前几份军事训令仅仅以此为目标，旨在夺取这些地区。一旦实现这些目标，便长时间休整，对部队进行重新集结。

对于北方集团军群来说，这只是一个短暂的休整。在第18集团军、第4装甲集团军和芬兰主力部队的配合下，北方集团军群将一举攻克列宁格勒。

为了驰援北方集团军群攻打列宁格勒，从第3装甲集团军调拨了大量的装甲军给北方集团军群。调拨的这部分装甲军在完成既定任务——夺取斯摩棱斯克后，突然向北，沿伊尔门湖东岸逐步包抄列宁格勒外围的苏军。

至于芬兰主力部队，他们在夺回被苏联抢占的领土之后，即停滞不前了。当北方集团军群在列宁格勒城外与苏军殊死搏斗时，芬兰部队却仅仅驻扎在前线，寸步不进。德国防军最高统帅部原本也并不想暴露芬兰部队，以免其遭遇失败。

在确定这些目标的同一时间，国防军统帅部建议陆军部队最好彻底歼灭沿途苏军，以防其大规模向东撤退。若要按照此次军事行动的总体路线实现所有既定目标，需要3周至4周的时间。预期在恶劣的冬季到来之前抵达莫斯科城下。

而在南边夺取高加索地区的时间表还不确定。若要进入该地区，必先攻下罗斯托夫，这样才能为南下撕开一条口子。

在苏联采取的所有军事行动必须分为三个阶段进行：第一阶段，彻底肃清德维纳河—第聂伯河一线的大量苏军。德军希望凭借一系列的围攻战，用一到两个月的时间结束这个阶段的战斗。第二阶段，在向列宁格勒、莫斯科和罗斯托夫推进的过程中，进一步全歼撤退到德维纳河—第聂伯河一线后边的残余敌军。这一阶段的行动将在10月份结束。第三阶段，乘胜追击最后剩下的红军。德军将于12月底在阿尔汉格尔斯克—高尔基—阿斯特拉罕一线[①]重新集结。希特勒认为，倘若一切顺利，德军将在巴库庆祝圣诞节。同时，他甚至命人建立一支“高加索—伊朗[②]”特别装甲部队。这场战争除了空前庞大外，其优先行动的军事目标永远悬而未决。实际上，“巴巴罗萨”行动就是在三个进攻方向之间尽力妥协。

① 我们简单地看一下儿这次军队集结的距离：阿尔汉格尔斯克距华沙1880公里，高尔基距华沙1550公里，阿斯特拉罕2060公里。

② 参见让·洛佩兹：《处于战争边缘的斯大林格勒》，巴黎，经济出版社，2008年，第24页。

然而，不要以为只要所有计划和决定获得了成功，国防军最高统帅部与陆军最高统帅部的意见就会达成一致。许多人对战争可能存在的危险和即将面临的困难提出警告①。另外一方面，德国高层也有很多声音支持这场战争，并预言一旦德军发起进攻，很快就会让苏联这个“泥脚巨人”轰然倒下。

我们现在很容易忽略的是，当在制订对苏行动的具体计划时，不由自主地会参照以往战争中积累的经验。大家应该记得，国家社会主义的政治活力在当时的德国几乎达到了顶峰，同时西线战役的胜利也让德国异常自信。德国取得对波兰、挪威，特别是法国等战役的胜利，无论是对德国政界还是军界都产生了惊人的心理影响。尤其是军人，他们对前期在西线取得的闪电战胜利深感骄傲和自豪。在所有专家看来，西线的全面胜利似乎完全出乎所有人的意料②。

第一阶段行动的简要介绍

对苏战争第一阶段行动的既定目标是于1941年6月中旬在第聂伯河—斯摩棱斯克—伊尔门湖一线发起第一波全面进攻，这

① 其中少有的公开反对者之一是时任德国外交部长的冯·里宾特洛甫。古德里安在其著作《装甲领导者》（波士顿，达卡普出版社，2001年）写道，里宾特洛甫是唯一一位深深地意识到这场对苏战争将是一场异常艰难的战争的人。然而他的别有用心是显而易见的。在德国军方唯一一次向他征求意见时，他却非常乐观地对这场战争提出肯定，认为德军不可能遇到任何挑战，特别是面对苏联红军时。参见安德烈亚斯·希尔格鲁伯（Andreas Hillgruber）：《希特勒的战略》，波恩，伯纳德和格雷夫出版社，1993年，第210页～211页，第226页～227页。

② 事实上，西线战役取得胜利后，希特勒、纳粹党成员以及国防军最高统帅部和陆军最高统帅部军官团所宣扬和表现出来的各种自信，对多数德国人影响深刻。

个时间相对于原定时间1941年5月15日已经有所延迟。然而从战术层面来讲，这一阶段的行动并未完全按照预期计划执行，因此并未取得预期效果。德国国防军最高统帅部对第一场边境战——比亚韦斯托克包围战信心十足，但是令德军惊讶的是，陷入巨大包围圈的苏军仍然坚持战斗及给予德军很大伤亡，因德军步兵欠缺摩托化运输，包围圈仍有较多空隙，所以很多苏军仍然能缓慢撤退，因此比亚韦斯托克包围战的胜利只是局部。德军在伦贝格围歼战中未能全部围歼苏军，也并没取得该战的全面胜利。乌曼战役是德军在第一阶段行动中收获较大的一场战役。尽管苏军在极端困难条件下奋勇反抗，德军还是突破了苏西南方面军左翼和南方面军右翼的防御，并深深楔入苏军纵深，造成了合围苏军的现实威胁，并对围攻基辅奠定了良好基础。

“巴巴罗萨”行动的第一阶段，又称作“边境战役”，始于1941年6月22日凌晨3点15分。德军刚开始发起的进攻，对苏军来说是灾难性的毁灭。三个集团军群一路所向披靡，苏军毫无还手之力，只在布列斯特-利托夫斯克要塞勉强抵抗到7月12日。与保卢斯记述有出入的是，比亚韦斯托克很快沦陷[①]。实际上，比亚韦斯托克以西的苏联第3、第4和第10集团军已被德军第2、第3装甲集团军包围[②]，苏第10集团军在

① 此时，包括冯·博克在内的众多德军将领认为，驻守比亚韦斯托克的苏军并未全力反击，而是在拖延时间，争取撤退更多的兵力，以免被德军全歼。

② 参见大卫·格兰茨：《边境战役之比亚韦斯托克-明斯克战役：1941年6月22日～28日》；并参见大卫·格兰茨：《东线战役初期：1941年6月22日～8月》，伦敦，弗兰克卡斯出版有限责任公司，1993年，第187页。

这场战役中被彻底歼灭[①]。德军第2、第3装甲集团军于6月底在明斯克战役中围歼了417000苏军[②]。冯·布劳希奇元帅在给保卢斯的信中这样写道:"没错，保卢斯，您说得有道理。我们极有可能需要6周到8周的时间才能解决苏联[③]。"

中央集团军群在斯摩棱斯克地区的进展同北方集团军群非常相似。在斯摩棱斯克战役中，德军不仅遇到了驻守苏军的顽强抵抗，而且还受到了杰尔尼亚、多哥罗布什以及斯摩棱斯克北边苏军的猛烈反攻，使德军遭受了巨大损失[④]。

1941年8月，反攻的苏军从旧鲁萨杀出了一条血路，向德诺方向溃退。苏军的突围暴露了德第16集团军的脆弱[⑤]，同时突围出去的苏军对中央集团军群的左翼造成了极大威胁。在北方战区，由北方集团军群在波罗的海地区发起的数场战斗也不尽如人意，未能达到预期效果。

在斯摩棱斯克战役结束后（实际上该战役从7月持续到9

---

① 大卫·格兰茨:《巨人的碰撞：苏联红军为什么能战胜希特勒？》，劳伦斯，堪萨斯大学出版社，1995年，第51页～52页。

② 在这场战役中，苏军不惜一切代价进行抵抗。在第3装甲集团军行军日志中这样记载:"敌军坚韧不拔，奋勇作战，直至阵亡。……所有战斗都比在波兰和法国遇到的激烈。"第3装甲集团军作战日记（1941年5月25日至1941年8月31日）由大卫·斯塔赫尔引用于《巴巴罗萨行动》，索利赫尔，赫利昂出版社，2010年，第153页。

③ 吉尔德·尼波德（Gerd Niepld）:"巴巴罗萨计划"，由大卫·格兰茨引用于《东线战役初期：1941年6月22日～8月》，伦敦，弗兰克卡斯出版有限责任公司，1993年，第70页。

④ 在普里皮亚季沼泽地作战的德军南方集团军群进展缓慢的主要原因是，苏军在此部署了最强大的兵力，特别是装甲集团军。参见大卫·格兰茨:《巨人的碰撞：苏联红军为什么能战胜希特勒？》，劳伦斯，堪萨斯大学出版社，1995年，第53页。

⑤ 实际上，德军第16集团军的防御能力变弱，主要原因是位于中央集团军群右翼的第9集团军被抽调，南下围攻比亚韦斯托克。此教训表明集团军群各单位之间是严重相互依赖、相互依存的。

> 月），由于德军中央集团军群作战部队异常疲惫，需要进行修整，而且整个集团军群的后勤军需品需要从新的军事基地配备，所以中央集团军群被迫停止向莫斯科推进[①]。然而，在休整3周后，当德军意识到将错失攻打莫斯科的良机时，前往莫斯科的铁路线被撤退的苏军大规模破坏，德军不得不花费大量时间和人力物力来修复。但是刚被德军修复的铁路仍不断遭到苏军大范围的毁坏。

德军在对苏战争中所犯的重大错误之一就是后勤补给运输。战前，保卢斯曾指出，在苏联游击队不断的袭扰下，德军各个集团军群所需的巨额物资若通过铁路和陆路运输很难实现。然而保卢斯在记述中对此事只字未提。德国国防军最高统帅部和陆军最高统帅部的军官却对后勤补给一直持乐观态度。他们认为，只要能在3周内修复被苏军破坏的铁路网，在此期间所有的后勤补给完全可以通过卡车从陆路运输，足以保障所有战斗部队的供给。事实上，德军从未见过、也不想见到如此糟糕的苏联铁路和公路网，因此德军部队后勤补给一直不足，从而导致许多战斗难以为继。德军后勤运输部队也经历着严峻的考验。第4装甲集团军在攻打列宁格勒时就由于后勤补给跟不上，不得不多次暂停进攻。德军后勤补给运输队的卡车司机也很惧怕到华沙军需中转站去，因为这里距离前线非常远，有750公里[②]。

---

① 6月26日，希特勒担心德军装甲部队楔入敌军太深，于是下令中央集团军群停止向莫斯科的推进，从而失去了进攻莫斯科的宝贵时间，使苏联红军得到了喘息。而此时哈尔德却希望古德里安能够违抗希特勒的命令，率领其装甲部队一鼓作气，乘胜追击。参见大卫·格兰茨：《巨人的碰撞：苏联红军为什么能战胜希特勒？》，劳伦斯，堪萨斯大学出版社，1995年，第53页。

② 参见让·洛佩兹："巴巴罗萨行动：极其激烈的战役"，载于《战争与历史》，2011年第2期，第44页。

至于德军在斯摩棱斯克地区展开的战斗，每场战斗都需要消耗大量的军需品，特别是能够保证连续进攻的弹药武器。

德军在布良斯克和斯摩棱斯克发起的每场战斗，都促使德国国防军最高统帅部不断对原定军事行动计划进行大量修改和完善。

1941年7月10日，德国军队从波洛茨克、维捷布斯克、罗加乔夫一线发起进攻，以第3和第2装甲集群主力越过德维纳河和第聂伯河，向莫斯科门口的最后一个大城市——斯摩棱斯克方向实施钳形突击。在希特勒看来，只需再往前推进一步，就可以在苏联的首都奏响凯旋进行曲了。然而就是“一粒沙”毁坏了德国的战争机器。同德军正面对抗的苏联军队有5个集团军的兵力，尽管大部分都被德军歼灭，但是被围困在斯摩棱斯克和莫吉廖夫的苏军仍然同德军展开殊死抵抗。从6月至9月期间，苏联又投入7个集团军的兵力（未被德军情报部门发现）来解救被德军围困的部队，并对德军进行猛烈反攻，打乱了德军意欲快速纵深推进的步伐。同时，苏联红军以10个师的兵力向叶利尼亚突出部实施反突击，重创德国军队，收复叶利尼亚。苏联红军以顽强抗击和反突击削弱了德国军队的攻势，迫使德军转攻为守，为苏军准备莫斯科防御赢得了时间。

由于斯摩棱斯克战役的变故，中央集团军群认为目前还不能放弃第3装甲集团军，因此原计划向北转进的第3装甲集团军不得不暂停。1941年8月，由12个装甲师和20个摩托化步兵师组成的第39装甲军转隶北方集团军群。

经历斯摩棱斯克战役后，德国国防军最高统帅部进一步修改行动计划，为下一步攻打列宁格勒做准备。最高统帅部决定由第18集团军和第4装甲集团军向列宁格勒城南发起攻击，而不直接攻城。同时，芬兰军队从北边向列宁格勒方向合围。为避免兵力因攻城略地而被损耗，德国国防军最高统帅部决定采用围困的战术迫使敌军投降。

鉴于北方集团军群在攻打列宁格勒时显得比较吃力，因此正如我们前面所提到，中央集团军群的第39装甲军转隶北方集团军群，前往驰援攻打列宁格勒。

北方集团军群的行动进展很快。6月26日，曼施坦因率第56装甲军甩开左右两翼，单刀直入，4天内一口气冲了320公里，抵达德维纳河。但是他在此停了6天，以等待第16集团军。正是由于停止了进攻，才让大量苏军趁机成功越过德维纳河，向东溃逃。8月份，苏联红军的反攻严重挫伤了北方集团军群，使德军锐气尽失。9月11日，德北方集团军群的精锐部队被逐步调离，赫普纳（Erich Hoepner）的第4装甲集团军和霍特的第3装甲集团军均向南改变进攻方向，驰援中央集团军群攻打莫斯科。9月12日，希特勒决定不再炮击和轰炸该城，而是切断其对外的一切联系，意欲困死列宁格勒的守军和居民。自此，德军对列宁格勒战役战略转攻为困。

与此同时，德军与苏联红军在基辅和第聂伯河附近也在酣战。由于苏军在基辅部署了重兵，而且进行顽强抵抗和多次反突击，使南方集团军群自第聂伯河西岸向东推进速度迟滞。

由于驻守基辅的苏联红军队伍庞大，包括几乎整个西南方面军，南方集团军群没有足够力量包围及消灭敌军，需要中央集团军群提供支持以完成任务。而此时，正当中央集团军群踌躇满志地准备杀向莫斯科时，希特勒却决定暂时放弃莫斯科方向的作战。经过争论后，位于布良斯克西部由古德里安指挥的第2装甲集团军及位于莫吉廖夫的第2集团军从中央集团军群转属南方集团军及向南推进，在基辅以东与南方集团军群进攻部队会合，对基辅附近的苏军进行一个大包围战。此战的目的是通过大规模歼灭盘踞于基辅的苏联红军，以使德军南翼不受到敌人反攻的威胁，随后进攻莫斯科。

然而，基辅直到9月10日才被彻底攻陷。南方集团军群的左翼部队由于受恶劣天气的影响，向哈尔科夫—别尔哥罗德一线推进的速度非常缓慢。而斯摩棱斯克地区的战斗也从7月中旬一直持续到9月底才彻底结束。

自7月15日开始，希特勒就发现德军三个集团军群之间的进展有失平衡。中央集团军群进展最快，直到在斯摩棱斯克战役时才放慢了进攻速度，而南、北两个集团军群的进展严重迟滞。7月17日，希特勒的作战计划又回到最开始的意图上：应该以两个侧翼为重，重点攻打北边的列宁格勒和南边的乌克兰。他的这个决定让他同陆军部队将领们在对苏宣战后第一次产生了严重分歧。以希特勒之见，列宁格勒作为苏联的工业重地，乌克兰作为苏联的粮仓，既是德军行动战略目标，也是经济目标。而且，苏联强大的西南方面军驻扎在基辅，对德中央集团军群存在极大威胁。从8月至9月期间，德军在基辅发动了历史上最大规模的包围战。结果苏军由于斯大林战略上指挥失误，刚愎自用，屡拒部下的正确建议，最终遭到惨败。战役中几乎整个苏联红军的西南方面军被德军包围，共有665 000名红军被俘虏。同德军陆军最高统帅部所证实的有出入的是，古德里安的第2装甲集团军调头南下基辅正是“巴巴罗萨”行动计划事先预定好的（目的在于最大限度地歼灭苏军）。由保卢斯记述的德军行动顺序是：7月份攻打列宁格勒，8月份乌克兰，然后在9月份开始攻打莫斯科[①]。一旦列宁格勒被围困，希特勒和国防军最高统帅部才决定全力进攻莫斯科。

在此期间，德军第39装甲军在北方狄启汶和沃尔霍夫地区投入战斗。通过这次具体的行动，德军准备努力达到以下目标：1.夺取狄启汶地区的铝土矿；2.从东边掩护攻打列宁格勒的战斗部队；3.确保在斯维尔同芬兰部队会师。

鲁道夫·施密特（Rudolf Schmidt）上将指挥的第39装甲军[②]顺利抵达拉多加湖东岸的施吕瑟尔堡，但第39装甲军的整体推进却在沃尔霍夫地区的沼泽地和丛林地带受挫。再次证明北方集团军群的战斗力相对较差。

除此之外，当德军北方集团军群决定进攻列宁格勒后，芬兰部队[③]一直犹豫不决，停滞不前。在德国国防军最高统帅部修改进攻列宁格勒的行动计划，决定变强攻为围困后，芬兰部队仍然毫无介入列宁格勒战役的想法。由于芬军在夺回1940年被苏联强占的领土后，不愿进一步介入苏德战争，所以德军在狄启汶和

---

① 1941年8月，古德里安的装甲部队收到了6份关于进攻方向的命令和撤销原命令的命令。参见《战争与历史》2001年6月～8月，第2期，第42页。

② 德军第39装甲军是由陆军装甲兵上将鲁道夫·施密特将军指挥，隶属霍特的第3装甲集团军。

③ 除了北方集团军群装甲部队缺乏机动性外，德军在列宁格勒战役中失利的另一个原因就是芬兰军队态度的模棱两可。由于担心彻底激怒苏联，芬兰部队最高领导人曼纳海姆元帅把芬军撤回到卡累利阿，即1940年3月7日被苏军强占领土范围内。

沃尔霍夫的战况未能达到预期效果，因此这次行动部署就失去了原定的意义。

而此时恶劣天气的到来，越来越不利于德军在苏联开展所有军事行动。

掩饰不了的事实是，德军这个阶段的军事行动未能达到预期目标。于是德国国防军最高统帅部提出以下问题：是否必须正视此阶段的战绩？从10月初开始，是否应该在全军系统地做好防御工作？是应该在巩固当前战绩的基础上，进一步锁定苏军的位置，为1942年春季的进攻做好准备，还是按照1941年制订的原计划，于秋末冬初发起进攻？

根据1941年9月底东线战场的实际情况，德军最高统帅部到底如何打算？我们似乎这样回答：

尽管德军当前在包围战和歼灭战中未能达到既定目标，尽管小股红军在德军紧闭包围圈后突破包围逃脱，但是苏联红军仍经历了前所未有的大败，苏军主力部队被严重削弱。

德军第一阶段的战役结束后，整个苏联西部的苏军被德军切分成三段：一部分苏军被孤立在基辅南边、东边和东南边；另一部分集中在斯摩棱斯克附近；还有一部分分散在列宁格勒以及列宁格勒以东地区。因此，只要德军一鼓作气，肯定会在1941年冬季到来之前实现所有既定目标。

德军各集团军群的目标和任务

其实，德国国防军最高统帅部也决心趁热打铁，发动连续进攻，一举拿下莫斯科，以实现中央集团军群的既定目标。然而，倘若要拿下莫斯科，必须要在1941年10月份前全歼布良斯克和维亚济马的苏军。

在北方，德军的任务是围困列宁格勒，并试图同芬兰部队在斯维尔取得联系。北方集团军群的右翼（即第16集团军）只需占领瓦尔代高地，同时为掩护中央集团军群的左翼，第16集团军的右翼需推进到博罗高邑。

在南方，南方集团军群的目标是占领整个顿河地区，同时从罗斯托夫南部向南推进，直至占领北高加索地区。集团军群的左翼（第6集团军）必须攻克哈尔科夫，且需推进至奥斯科尔河畔，以配合驻防卡斯托夫诺伊—耶莱兹—耶夫瑞莫夫一线的中央集团军群右翼的第2集团军。

正如人们所预料，这些行动让德军付出了前所未有的代价。我们以第6集团军为例，为了从第聂伯河向哈尔科夫—别尔哥罗德—奥波亚纵深切入，诸如马匹、车辆等运输工具尽失，根本无法运送大炮和重机枪，甚至连最基本的后勤补给都不能保证。位于第6集团军左翼的第239步兵师由于所损失的马匹不能得到补充，所以该师不得不解散，所有兵员被编入不同的战斗部队。至于战斗减员的情况，在东线战场也是常见的。由于第6集团军在战斗中严重减员，冯·赖歇瑙元帅为避免全军覆没，不得不暂停向前推进。

1941 年的战争结果及最高统帅部的评价

德军在维亚济马—布良斯克战役行动迅速，以精锐的装甲部队对苏军纵深进行迂回，再对其进行分割包围，德军在此战中共俘虏苏军 67.3 万人，取得了辉煌战果。但由于苏军进行了顽强抵抗，德军也付出了惨痛代价。10 月中旬，苏联的天气开始变得恶劣起来。

在南方，德军直到 10 月底才攻下哈尔科夫。德第 6 集团军也因为此战而元气大伤，进攻已近强弩之末。陆军最高统帅部认为，即使继续作战，也将白费力气，还不如寄希望于来年。至于攻打莫斯科的计划，绝对不能在冬天执行，最好是在第二年春天。中央集团军群司令部也非常赞同陆军最高统帅部的决定。

但是国防军最高统帅部却不这样认为，他们认为目前的苏联是强弩之末，德军只需最后一击，就可彻底打败它。于是国防军最高统帅部下令继续向莫斯科方向发动进攻。

进攻是于 11 月中旬发起的。众所周知，最终的结果对德国人来说是灾难性的。这次在莫斯科遭遇的失败，让德军无论是从兵力上还是武器装备上都损失严重。

国防军最高统帅部把莫斯科战役的失败归咎于军队将领的指挥不力，于是更换了大批的陆军军官。

德国国防军最高统帅部声称，在莫斯科战役中，苏联已经投入了所有的兵力和预备役部队，因此最迟于 1942 年，在东线战场上三个不同方向作战的德军将“合三为一”。

国防军最高统帅部无法掩饰的事实是，德军在东线战场没有实现其所期望的目标：无论是列宁格勒还是莫斯科都没被我们拿下；期望同芬兰部队在列宁格勒北边的斯维尔会师，由于芬兰方面不愿出兵，因此也未实现。

德军在莫斯科战役失败严重消耗了德军的兵力，而且还打击了德军官兵的士气。

南方集团军群的几次战役也不尽如人意，整个秋季的攻势极为缓慢。我们于1941年底至1942年初，在罗斯托夫发动的攻击遭遇了失败，在哈尔科夫战役中也付出了惨痛代价。

包括莫斯科会战在内的整个1941年冬季作战中，德军在整个苏德战场上的损失达到了110多万人，兵力吃紧。当发现部队严重减员而无法在1942年正常补员时，国防军最高统帅部意识到必须要做出一个选择了：下一步作战到底该以哪个目标为主？德军最终决定向东继续进攻，然而随着天气越来越恶劣，对德军的攻势产生了较大影响。

在莫斯科会战中，三个因素导致德军的失败：西伯利亚部队的参与、冬季的寒冷天气影响以及朱可夫元帅发起的猛烈反攻。西伯利亚部队在莫斯科会战之前驻守在苏联的远东地区，主要是为了防范日本入侵。苏联高级间谍理查德·佐尔格在渗透入德国驻东京大使馆后，于莫斯科会战前夕把日本不会在西伯利亚采取行动的准确判断通告苏联。1941年9月7日，斯大林把西伯利亚部队调来参加莫斯科会战，这支部队在雪地里的战斗力很强，在莫斯科会战期间起到关键性作用。为准备这次“台风”行动，希特勒把古德里安指挥第2装甲集团军和冯·魏克斯指挥的第2集团军从基辅调回参加莫斯科会战，另外从北方集团军群抽调出赫普纳指挥的第4装甲集团军投入莫斯科会战。希特勒欲在此战役中采用德军经典的钳形突击战来攻打莫斯科。尽管德军在维亚济马—布良斯克战役中俘虏了 67.3 万苏军，但由于苏军的顽强抵抗，德军进攻已近强弩之末。此外，寒冷的冬季也保护了莫斯科免遭沦陷。11 月 7 日开始下雪，由于天气寒冷，道路结冰，德军御寒的冬装无法及时送达，使得德军不得不暂停作战。希特勒准备在 11 月 16 日重新发起进攻，但是极冷的天气让汽油和润滑油全部上冻，因此德军装甲部队也无能为力。此时，朱可夫元帅率领苏联红军发起了反攻①。12 月 8 日，希特勒暂停进攻，但是严令德军不得后退半步，暂时进入防御阶段。这个看似自杀性的决定，却使德军避免重蹈 1812 年拿破仑侵俄惨败的覆辙。

正如保卢斯在记述中提到的那样，德军的三路兵力均未实现既定目标。陆军最高统帅部以及哈尔德的计划过于草率，他们认为在疆域辽阔的苏联作战，就应实施围歼战。尽管德军在开辟东线战场以来，无论是战术上还是战略上均取得了一系列空前的胜利，但由于长期远距离作战，作战部队已成强弩之末，在各个方向上的进攻都已被遏制。德军在莫斯科会战的失败使德军士气更加低落，因此他把此次失败的责任归咎于指挥官们，并对他们加以惩罚。而保卢斯却在此战之后得到晋升。希特勒也做好了下一步作战计划——“蓝色”方案，从而拉开了斯大林格勒战役的序幕。

---

① 莫斯科战役从 1941 年 12 月一直持续到 1942 年 4 月。苏军成功地包围了其首都，但却没有达到他们的预定目标——把德军赶到斯摩棱斯克。

第四章　进军斯大林格勒

1943年2月，德第6集团军向苏联投降后，斯大林格勒战役在公众的记忆里就格外特别。苏联取得胜利的消息瞬间传遍全世界，极大地鼓舞了反希特勒、反法西斯阵营，成为1942年底反法西斯战争大转折的标志性事件。斯大林格勒战役对苏德战争影响巨大。无论从其战争强度、参战人数、血腥程度看，还是从作战方式[①]以及巷战的独特性方面来看，斯大林格勒战役都是二战中甚至人类战争史上最为惨烈的战役之一。

斯大林格勒战役也是一场不合常理的战役，因为斯大林格勒从一开始就不是德军1942年夏季作战优先攻打的军事目标，该战役以及战役结局从未写进“蓝色”方案中。因此，斯大林格勒战役本不应该发生。弄清楚这点，是较好地弄明白保卢斯所记述该战争意义的关键。

① 参见奥马尔·巴尔托夫（Omer Bartov）：《希特勒的军队》，巴黎，阿歇特文献出版社，1999年，第23页。

同样很有必要阅读一些其他的回忆录，通过作家对斯大林格勒战役的描述，您会发现这场战役是苏德战争的标志性转折点，而且希特勒应该对这场灾难性战役负全责。当您弄明白1942年德军夏季攻势，特别是斯大林格勒战役后，您将会把英国历史学家伊恩·克肖对希特勒的称呼“神秘的元首[①]”铭记于心。1942年7月，当德军在高加索地区遭遇失败后，希特勒把唯一的希望寄托于拿下斯大林格勒。德军只要攻克斯大林格勒，就可以取得理想的桥头堡，作为反击的基地，同时也可以巩固其权力地位。因此，他除了出兵攻打斯大林格勒，已别无选择。

希特勒在1941年冬季作战中吸取了哪些经验和教训？他也知道他给德军制定的目标太高，但是他仍然把所有的责任归咎于一些指挥官们，由此引起了军官团同希特勒之间的新危机。希特勒把这些军官称作德军“内部敌人、没用且不忠诚的人、既缺乏骨气又无意志的人”[②]。于是由于他对德军高级军官的不信任，随后撤换了35名德军高级将领，其中包括：南方集团军群总司令冯·龙德施泰特由于违抗希特勒严禁退却的命令，下令军队从罗斯托夫撤至米乌斯河而被免职，由第6集团军总司令冯·赖歇瑙取代[③]；冯·博克元帅被取消中央集团军群总司令的头衔，由克鲁格取代；北方集团军群总司令冯·勒布和装甲之父、闪电战创始人古德里安等被罢黜；陆军总司令布劳希奇元帅被停职，由希特勒取代其位；第4装甲集团军司令赫普纳上将被撤职并褫夺军阶。然而，保卢斯在这次危机中获得晋升。在其老上司赖歇瑙元帅的推荐下，于1942年1月5日被授予第6集团军指挥官一职。

---

① 参见伊恩·克肖：《神秘的元首》，巴黎，弗拉玛里翁出版集团，2006年，第415页。

② 参见伊恩·克肖：《希特勒》，伦敦，企鹅出版社，2009年，第700页。

③ 冯·赖歇瑙于1942年1月死于突发的心脏病，随后希特勒任命冯·博克为南方集团军群总司令。

而此时，整个国际局势对德国也不利：由于日本在 1941 年 12 月 7 日偷袭珍珠港，所以美国也卷入了第二次世界大战。希特勒认为美军不会同时在太平洋和大西洋两线作战，觉得这是对美宣战的最佳时机[①]，于是在 1941 年 12 月 11 日向美国公开宣战。希特勒到底准备做什么呢？保卢斯通过分析德军在实施"蓝色"方案之前的处境以及第 6 集团军向斯大林格勒推进时的实际情况，对希特勒的行动意图做了战略上的分析。同时，保卢斯向我们揭示了在攻打斯大林格勒之前，德国国防军最高统帅部与陆军最高统帅部之间错综复杂的关系以及产生的纠葛。

德军 1942 年春是如何估量苏军的？将对苏军采取哪些行动？

……德国国防军最高统帅部坚信苏联的预备役兵力已经全部投入到 1941 年冬的莫斯科战役中[②]，而且这股兵力目前正驻扎在斯摩棱斯克东部区域。

1941 年冬，德军在哈尔科夫、伊久姆和巴尔文科沃地区的失利并非归因于苏军的人数优势，而是归咎于德军兵员的不足，尤其是未设防阵地。德国国防军最高统帅部认为，只要有足够的增援部队或兵力补员，战局必将扭转。

然而，在莫斯科保卫战中，苏联最高统帅部顽强抵抗的决

---

① 希特勒严重低估了美国这个超级战争机器的能力。

② 德军在入侵苏联后的数次战役中歼灭了 700 多万苏军，希特勒对这些胜利有些飘飘然。另外希特勒对情报部门获得"在经历 1941 年底至 1942 年初的莫斯科战役后，苏联红军不可能还有预备役部队继续投入战斗"的信息深信不疑。参见《德意志帝国和第二次世界大战》，第 6 卷，斯图加特，德意志印书馆，1990 年，第 801 页。

心、苏联红军不怕牺牲的精神以及源源不断的军用物资，使得德军不得不重新考量自己的对手。对此，必须认识到的是，我们短暂的进攻优势、精良的武器配备以及经验丰富的军官等有利条件将不复存在。但德国国防军最高统帅部在后勤补给方面确实存在较大问题[①]。

从总体上说，我们承认苏军确实不再有能力同时进行几场大范围的作战。斯大林及苏联红军最高统帅部判断，1942 年夏季，德军可能在莫斯科方向和南方发动大规模的进攻，并以莫斯科为主要突击目标。因此我们倾向于认可苏军接下来的真实战略意图：

首先，苏军将进行积极的战略防御，但同时必须在西南边的克里米亚、哈尔科夫地区，西边的利戈夫—库尔斯克方向、斯摩棱斯克方向以及列宁格勒和杰米扬斯克地域实施一系列进攻战役，击退德军，以消除德军对莫斯科的威胁。

其次，苏军将在洛索伐亚—巴尔文科沃试图发起进攻，目的是孤立德军的右翼部队（第 17 集团军和第 1 装甲集团军），并将其彻底歼灭，从而大大削弱德军战斗力。

德军 1942 年夏季攻势的总目标

在详细披露德国国防军最高统帅部和陆军最高统帅部的行动

① 实际上，德军从两个关键因素中获益：首先，德军情报部门侦察到在哈尔科夫地区仍有大量的苏军存在。德军可以正当地从伊久姆这个桥头堡发动春季攻势，重新夺回乌克兰；此外，斯大林对德军作战目标的误判。他坚信德军肯定会继续攻打莫斯科，因此疏于其他地区的防守，直至 1942 年 7 月斯大林格勒战役爆发，斯大林才发现自己判断失误。

> 目标之前，我要申明，由于我被委任为第6集团军总司令，并于1941年1月离开了陆军最高统帅部总司令部，所以并没有直接参与行动计划的制订工作。因此我只能就德军1942年夏季攻势的总目标提出我个人的看法。
>
> 之前强调过，希特勒对其签署的严厉训令的保密工作做得非常严格，即便是官方或高级参谋部门都不可能在战前获得任何相关信息。

保卢斯很有经验地替自己辩护。他通过辩解其不再在陆军总参谋部任职，从而无须为“蓝色”方案以及其他战争的失败负任何责任。也可看出保卢斯是很听话的，因为他一直服从希特勒的命令，完全按照希特勒的命令来调整兵力、调遣第6集团军。他过快忘记的是，同哈尔德、约德尔、凯特尔以及其他人一样，应该为“巴巴罗萨”行动的失败负责。实际上，德军在1942年只有两个选择：第一个是由希特勒提出来的——实施原定计划，以实现所有的既定目标；第二个是由国内预备军总司令弗里德里希·弗洛姆（Friedrich Fromm）上将提出来的——一年不动，保持当前的防御态势。

保卢斯在此影射的是“赖歇尔事件”。德军中有一套“任务导向指挥系统”（德文原名为Auftragstaktik)。在此种系统之下，各级指挥官必须养成一种习惯：只告诉他的部下应该做什么，而不管他们怎样去做。在一个整体架构之内，给予各级指挥官以非常宽泛的行动自由，让他可以独立地拟订和执行自己的计划。1940年1月的西线战役中，由于第7空降师的作战科长携带“黄色计划”乘坐的飞机坠毁，被比利时俘获，导致作战资料泄露。自此以后，希特勒就要求加强所有训令在德军内部传送时的安全问题：只有最重要的军官才能接受作战计划的复印件；所有的联络官严禁在前线附近乘坐飞机传送作战计划。然而，第40装甲军指挥官乔治·施图姆（Georg Stumme）[①]上将公然违抗希特勒的指示，把有关第40装甲军在“蓝色”方案中的作战计划传达到了其所属部队的所有参谋。1942年6月19日，第23装甲师的作战参谋乔基姆·赖歇尔（Joachim Reichel）少校携带该作战计划和作战地图，乘坐飞机执行侦察任务时在苏军后方坠毁。德军部分“蓝色”方案的作战计划落入布良斯克方面军司令员戈利科夫（Golikov）将军的手中，他向苏联最高统帅部通报了德军将在6月22日进攻布良斯克方面军的意图，导致“蓝色”方案第一阶段的流产。然而，德军实施了一项代号为“克里姆林”的欺骗计划，诱使斯大林认为德军的目标并非在南部，而是在莫斯科。该项计划果然奏效，苏军很快便将防御重点放在了莫斯科。而德军此时正在库尔斯克东部进行大规模集结，为攻打苏联南部的高加索地区做准备。

> 我们认为中央集团军群有足够的能力在中线做好防御工作，一旦南线战事发起后，苏军最高统帅部必将其中线兵力撤至南线。
>
> 南方集团军群负责发起这次主要进攻，战略目标是夺取高加索地区的油田。我们必须承认的是，高加索地区的石油资源对维持德国及其盟国的后续战争以及国家的持续发展至关重要。
>
> 为保证德军南进至高加索地区时侧翼和尾翼的安全，就必须占领斯大林格勒地区的伏尔加河，封锁伏尔加河上所有的航运交通，使这个以工业为主的城市丧失生产能力。
>
> 其实德军是直到1942年7月份才决定由南方集团军群负责攻打斯大林格勒的。由于苏军基本力量集中部署于顿河大弯曲

① 见附录。

部，因此德军决计从顿涅茨—尼舒内德维兹—阿斯塔乔夫—危申斯卡亚一线发起进攻。

在战术上，德军意欲把右翼苏军的西南方面军彻底歼灭，使其失去作战能力，使德军在进攻斯大林格勒时免遭其干扰。

德军此次战术的改变意味着对接下来战役的重新部署。通过重新部署，德军当务之急旨在攻打莫斯科，因为这里是苏联政治和经济的中心，是苏军的老巢和交通枢纽，也是苏军整个指挥系统的首脑所在地。

自从希特勒决定把对苏作战的主要目标定位为夺取某些矿产资源后，他就含蓄地承认德国此战目的是维持庞大战争机器的继续运转。

1941 年 12 月 14 日，德国国防军最高统帅部公布了有关新战局的备忘录①：当前苏德冲突短时间内不可能变为世界范围的战争。于是约德尔主张同时在东线、地中海地区和大西洋展开军事行动，然而陆军最高统帅部却提出反对意见。哈尔德也劝告希特勒，目前德军兵力只够对付苏联，根本腾不出兵力来发动其他战争。另外，哈尔德认为，德军在 1942 年除了攻打莫斯科外，不可能发起任何进攻。另一个备忘录是由德国海军司令部于 1942 年 2 月发布的。在日本成功突袭珍珠港后，雷德尔元帅设想了一个大型钳形突击战：隆美尔率其非洲军团从苏伊士运河横插至中东地区，与已抵达乌克兰和高加索地区的德军部队在伊拉克会师，然后继续向波斯湾推进，同那里的日本海军会合。雷德尔的这个设想看似不错，却不具备操作性。希特勒也深知目前德军兵力严重不足，于是他决定利用所有兵力主攻

---

① 见附录。

苏联，重创苏联红军，最终实现其既定战略目标——夺取高加索地区的石油。这样既可切断苏联的命脉，又可补充德军的战略资源，以维持战争机器能够持续运转。

保卢斯也对此进行了确切的记述：德军1942年的战略目标就是攻克高加索地区，获取油田。实际上自1941年7月起，希特勒相信会在1941年冬天夺取巴库、格罗兹尼和迈科普地区。在“巴巴罗萨”行动发起前夕，希特勒的军事经济专家格·托马斯（Grille Thomas）将军曾向希特勒谏言：没有石油，就没有胜利可言。1942年3月，他向希特勒指出，倘若德军能成功推进至高加索地区和伏尔加河两岸，德国将不战而胜。况且占领高加索地区后，可以南望格鲁吉亚，并获取格鲁吉亚共和国奇阿图拉的煤炭储备以及世界上最大的锰矿资源[①]。1942年3月29日，陆军最高统帅部向希特勒呈递“蓝色”方案。为避免引起德国国防军最高统帅部和陆军最高统帅部之间的矛盾，希特勒委托作战局局长约德尔对该计划进行修校。“蓝色”方案中预想的结果相当模糊，整个计划的制订显得粗糙马虎，远没有“巴巴罗萨”行动计划那样长远且精细[②]。

1942年4月5日，希特勒签署了第42号训令[③]。同“巴巴罗萨”行动计划不同的是，训令规定的总任务不再是一举打败苏联，而是希望通过重新发起对列宁格勒的进攻（“北极光”行动），从而“消灭苏联武装部队，使敌人离开他们最重要的军事工业中心”。同时，发起一系列的小范围攻

① 锰这种金属可用于冶炼钢和铝，提高其硬度，从而用来制造坦克和轮船。苏联还富含钼，主要用于钢铁工业，其中的大部分是以工业氧化钼压块后直接用于炼钢或铸铁，增强坦克护甲的硬度。

② 国防军最高统帅部和陆军最高统帅部参谋部均怀疑“蓝色”方案的可行性，即使是对希特勒俯首帖耳的凯特尔也对此计划感到担心。然而德军两个参谋部对“蓝色”方案的担心在取得哈尔科夫、克里米亚和伊久姆后就烟消云散了。

③ 见附录。

势，以巩固中央集团军群前线阵地。在一开始制订入侵高加索地区的计划时，希特勒就希望歼灭克里米亚和伊久姆地区的苏军。一旦实现这些目标，德军将在1942年夏发起几个主要攻势：先攻占苏联南部地区以及高加索地区，然后攻克列宁格勒。此时，斯大林格勒根本就不是德军的攻击目标。如保卢斯所说，德军应集结于伏尔加河畔，掩护向高加索地区推进的作战部队，禁止伏尔加河通航（特别是向莫斯科和乌拉尔运送石油的油轮驳船），并摧毁该地区所有的兵工厂。攻打斯大林格勒不存在任何问题，其目标有两个：损耗苏军的兵力和切断苏联的经济命脉。

1942年夏季攻势

为了在前线南边发起决定性的攻势，就必须先拥有一个有利的出兵阵地。

总部位于波尔塔瓦的南方集团军群[①]被委任负责初步行动的准备并担任主攻任务。

三个集团军群之间[②]的协调部署是通过下面的方式来实现的（自北向南）：来自库尔斯克的第2集团军和匈牙利第2集团军；哈尔科夫方向的第4装甲集团军；哈尔科夫东南边的第6集团军和第1装甲集团军；斯大林格勒方向的第17集团军。

紧随第17集团军和第1装甲集团军后边的是意大利的第8集团军[③]和罗马尼亚的第3集团军。

① 在三个集团军群中，只有南方集团军群将发起进攻。希特勒分别在1941年和1942年动用罗马尼亚、匈牙利、意大利以及斯洛伐克等盟国军队来为第三帝国服务。

② 保卢斯忘记了冯·曼施坦因的第11集团军。

③ 直到1942年7月份，意大利的第8集团军才被编入B集团军群（由南方集团军群分裂出来）。

第6集团军的编制结构[1]如下：由第336步兵师和第75步兵师组成的第19军[奥博斯太尔德（Obstelder）指挥]、由第384步兵师和第379步兵师组成的第17军[卡尔·霍利特（Karl Hollidt）指挥]、由第376步兵师、第389步兵师和第113步兵师组成的第7军[瓦尔特·海茨（Walter Heitz）指挥]、由第3装甲师、第23装甲师和第29摩托化师组成的第40装甲军（乔治·施图姆指挥）、由第44步兵师、第79步兵师和第297步兵师（第294步兵师和第305步兵师）组成的第51军[冯·塞德里茨（von Seydlitz）指挥]。

国防军最高统帅部决定在夏季行动中把南方集团军群一分为二：A集团军群，总司令为威廉·利斯特元帅；B集团军群，总司令为冯·博克元帅。

南方集团军群最初的任务是在夏季攻势发起之前，通过在顿河大弯曲部展开一系列行动，占领一个有利的出兵阵地。

用于发起进攻的德军部队集结到位后，便利用一切机会重创敌军。在发起总攻之前，我军尝试占领顿涅茨和奥斯科尔以北有利防区。在这一系列战役的歇战间隙，我军在一切有利出兵基地大量集结装甲部队。

“蓝色”方案的最后阶段是预计从9月15日开始向高加索地区调

---

① 并非第19军，而是由第57步兵师、第168步兵师和第75步兵师组成的第29军。保卢斯所说的第7军实际上是由第389师、第305师和第376师组成的第8军。由第100歼击师、第23装甲师和第29摩托化师组成的第40装甲军是在1942年7月28日编入第6集团军的。第17军是由第113步兵师、第79步兵师和第294步兵师组成。第56军是由第297步兵师、第71步兵师、第44步兵师、第62步兵师和第384步兵师组成。保卢斯还忘记了第4航空大队。参见大卫·格兰茨：《进军斯大林格勒》，劳伦斯，堪萨斯大学出版社，2009年，第111页。

遣部队。从罗斯托夫一路向南，夺取迈科普地区的油田后，一直推进至格罗兹尼和巴库地区。南方集团军群其他的兵力则用于掩护自沃罗涅日至斯大林格勒一线的侧翼。至此，南方集团军群一分为二：利斯特的A集团军群以克莱斯特的第1装甲集团军为左翼，鲁夫的第17集团军为右翼，分别从哈尔科夫南面和塔甘罗格北面向东和东南方向进攻，占领顿河下游的罗斯托夫，向高加索进军；博克的B集团军群以霍特第4装甲集团军和魏克斯第2集团军为左翼，保卢斯第6集团军为右翼，分别从库尔斯克南面和哈尔科夫北面向东和东南方向突击，占领顿河上游的沃罗涅日，向斯大林格勒前进。正如冯·博克元帅所说："这种做法使战局变得异常复杂。"希特勒也知道不可能再重新组建一个集团军群，而若想从苏联这个泥潭中跳出来，他别无选择，只能背水一战。

在执行这些指令时，以下军事行动需要在1942年春季继续进行：

1. 3月8日至20日，第11集团军需在刻赤半岛[①]作战，旨在占领一个有利出兵阵地，以便在克拉斯诺达尔对从罗斯托夫方向向我军突围的苏军进行夹击，从而击退敌军的反突击。

2. 3月17日至28日期间，由第1装甲集团军和第6集团军夺取巴尔文科沃突出部（代号为"腓特烈一世"行动），为发动的攻势占据有利的进攻出发阵地。

---

① 保卢斯未提及曼施坦因在6月6日至29日期间攻打塞瓦斯托波尔一事。这场激烈异常的街垒巷战完全是斯大林格勒战役的翻版。苏联也在此战中发现了"防守的艺术"。德军在付出巨大代价后攻占了该城。其中有一人在塞瓦斯托波尔战役中一战成名：尼古拉·伊万诺维奇·克雷洛夫（Ivanovic Krylov）在斯大林战役中被任命为朱可夫元帅麾下第62集团军的总参谋长。

但无论如何必须尽快排除一个危险：让德军右翼部队在第聂伯罗彼得罗夫斯克同德军哈尔科夫部取得联系，为第6集团军提供充分的后勤保障。

1942年1月，苏军在哈尔科夫—伊久姆—巴尔文科沃一线对我军发起大规模反攻，苏军极为激烈的攻势置我军于危险境地①。1942年5月初，当苏军在哈尔科夫东边和东北边对我军猛烈反攻后，局势对我军愈发不利，我军随时可能失守哈尔科夫②。

因此，南方集团军群认为不能等驰援部队抵达后再发起巴尔文科沃突出部的“腓特烈一世”行动。于是决定放弃在5月中旬发起的“腓特烈一世”行动，接二连三地发起了“腓特烈二世”行动，并在顿河大弯曲部对苏军进行大规模进攻。“腓特烈一世”行动原本预计在1942年4月17日③发起。该计划目标是阻止苏军在哈尔科夫南边进行的反攻，并在东边重创谢苗·康斯坦丁诺维奇·铁木辛哥的西南方面军。

保卢斯在新任第6集团军指挥官后，指挥的第一次行动比较顺利。5月12日，苏联方面仓促制订了作战计划，并在低估德军战斗力的情况下，铁木辛哥在哈尔科夫发动了进攻。5月12日至17日期间，苏军取得了巨大的成功，深深地突入德军的防线，逼近哈尔科夫。保卢斯对苏军的猛攻感到异常震惊和紧张，显得过度谨慎。他主张在哈尔科夫城外展开防御措

---

① 自4月份起，德军对苏军的攻势产生怀疑，因为德军发现苏军的攻击规模和攻势有所下降，而且目标也不仅仅是哈尔科夫。

② 哈尔科夫实际上是德军后来“蓝色”方案行动的后勤军需供应站。当苏军5月12日反攻至距哈尔科夫30公里以内的区域时，德军所有的武器装备、运输工具、燃料及其他军需品仍全部集中在这里。

③ “腓特烈一世”行动预定发起的时间是1942年5月17日，而不是4月17日。

施，并向最高统帅部请求调回第1装甲集团军回援第6集团军，然而遭到了希特勒和哈尔德的拒绝。5月17日，希特勒决定实施“腓特烈”行动，但只有南边的第1装甲集团军能投入战斗，北边的第23装甲师被拖在防御战中。苏军在进攻初期进展非常顺利，过快突入德军纵深防线，被德军切断其突击部队和后续部队的联系，反而使苏军突击部队陷入袋形包围圈①。5月22日至28日，哈尔科夫战役变得格外血腥，苏军在哈尔科夫的守军已被德军包围，生还的苏军士兵被驱赶到大约15平方公里的区域内，只有不到十分之一的苏军从巴尔文沃科陷阱中逃出，其余苏军被德军全歼或被俘虏。

另外，我军计划借此机会占领顿涅茨河以西所有领土，为顺利渡过顿涅茨河扫清障碍。同时，德军在哈尔科夫南北两边成夹击之势，全歼已经推进至巴尔文科沃突出部的苏军。

3. 1942年6月10日至14日，由德军第6集团军向驻守在沃尔昌斯克地区的苏军第28集团军发动进攻，代号为“威廉”行动②。

4. 6月22日至26日，由德军第1装甲集团军和第6集团军的部分兵力从哈尔科夫的东南方，向库皮扬斯克方向的苏军第38集团军与第9集团军发动进攻，代号为“腓特烈二世”行动③。

---

① 苏军在各方面都不占优势。大卫·格兰茨于1951年公开了一份苏军的秘密报告，在报告中阐述了苏军所犯的错误：低估了德军的战斗力、情报部门占绝对劣势、无法充分利用其坦克部队、没有空军优势、战斗部队之间未能严密配合以及斯大林的过度乐观和刚愎自用。参见大卫·格兰茨：《进军斯大林格勒》，劳伦斯，堪萨斯大学出版社，2009年，第111页。第81页；《1942年的哈尔科夫：一场军事灾难的剖析》，伦敦，伊恩亚伦出版社，2010年。

② 从哈尔科夫战役中恢复情绪之后，保卢斯完美地展开了“威廉”行动。他用5天的时间快速推进，包围了沃尔昌斯克。斯大林在紧急派遣坦克部队抵达支援后，哈尔科夫战役中元气大伤的铁木辛哥部才得以侥幸脱逃。

③ 保卢斯部和冯·克莱斯特（第1装甲军司令）的胜利确实为德军的“蓝色”方案获得了有利的出发阵地，但是在苏军久负盛名的第9步枪师的顽强抵抗下，苏第38集团军成功突围脱逃。因此希特勒期望的大型围歼战未能实现。

无论是第6集团军左翼部队对驻扎在别尔哥罗德山谷苏军发起的进攻，还是其右翼部队在东南方对驻守于库皮扬斯克的苏军展开的攻击，这两次军事行动目的均在于巩固我军已获取的出发阵地。

通过这些零星战斗，南方集团军群的行动目标基本实现：其左翼部队在顿河及顿河沿线建立了出发阵地；其右翼和中路部队在罗斯托夫以南的韦申斯卡亚（Veschenskaja）镇顿涅茨河口建立一个桥头堡。

对沃罗涅日的进攻目的是力求占领博古查尔和北沃罗涅日之间的顿河沿岸，为德军在顿河盆地开展后期军事行动寻求一个牢固的基准点。同时有必要在东沃罗涅日的顿河沿岸建立一个桥头堡，在必要情况下，便于博瑞索（Borisso）—格莱布斯科（Glebsk）方向的德军部队后撤。

届时，第4装甲集团军、第2集团军、匈牙利第2集团军以及第6集团军部分兵力将投入此次战斗。

德军于6月26日发起进攻。德军在顿河地区攻克沃罗涅日[①]后，第4装甲集团军紧随第4集团军其后，向南部的顿河下游推进。而此时第4装甲集团军应该同第1装甲集团军联合起来，乘胜追击向罗斯托夫西边溃逃的苏军。事实上，当第4装甲集团军调头打算追击撤退的苏军时，后者已经本能地从罗斯托夫撤走了。

---

① 在沃罗涅日，德军失去了一次绝佳进攻机会。这一系列战斗持续到7月13日。由于冯·博克缺少快速反应部队，因此错失追击溃退苏军的良机。确实存在一支快速反应部队（阿道夫·希特勒党卫队警卫旗队装甲师），不过希特勒把它派到法国去了，以防盟军登陆作战。

7月中旬，南方集团军群如期分成A、B两个集团军群。

A集团军群以克莱斯特的第1装甲集团军为左翼，鲁夫的第17集团军为右翼，分别从哈尔科夫南面和塔甘罗格北面向东和东南方向进攻，占领顿河下游的罗斯托夫，向高加索进军，旨在夺取迈科普和格罗兹尼地区的油田。

B集团军群以霍特第4装甲集团军和魏克斯第2集团军为左翼，保卢斯第6集团军为右翼，分别从库尔斯克南面和哈尔科夫北面向东和东南方向突击，占领顿河上游的沃罗涅日，向斯大林格勒前进，从而封锁伏尔加河，彻底摧毁这个以冶金为主的工业城市。

在此基础上，7月23日，我军做了一下安排部署：第6集团军从顿河西北边的卡拉奇向斯大林格勒北边和中心进攻；第4装甲集团军从科特尔尼科沃（Kotelnikovo）西南边向斯大林格勒南部进攻。

除了夺取斯大林格勒，B集团军群另外肩负对斯大林格勒以南、沃罗涅日以北德军战线的防御任务。

为保证顺利夺取斯大林格勒，德国国防军最高统帅部对B集团军群编制如下：第4装甲集团军、第6集团军、罗马尼亚第3集团军、意大利第8集团军、匈牙利第2集团军以及德军第2集团军。

对1942年夏季攻势的简短评述

1942年6月1日，希特勒在位于波尔塔瓦的南方集团军群司令部召开了一次会议，对1942年在南线即将展开的军事行动进行部署。他是从东普鲁士的德军司令部乘坐飞机过来的，并于当天返回。随行的德军将领有德国国防部部长凯特尔元帅、作战部部长阿道夫·霍依兴格（Adolf Heusinger）、陆军军需总监爱德华·冯·瓦格纳（Edouard von Wagner）将军、陆军参谋部参谋以及希特勒的几个助手。

南方集团军群总司令冯·博克元帅和军群总参谋长冯·佐登施特恩（von Sodenstern）将军应邀参加了此次会议。A集团军群的代表有：准参谋长汉斯·冯·格莱芬堡（Hans von Greiffenberg）中将、第1装甲集团军司令冯·克莱斯特、第17集团军司令鲁夫、第3装甲集团军司令艾贝哈德·冯·马肯森（Eberhard von Mackensen）；B集团军群代表有：集团军群总司令魏克斯、第2装甲集团军司令霍特和我，我当时担任第6集团军总司令。另外还有空军部队代表曼弗雷德·冯·里希霍芬（Manfred von Richthofen）上校。意大利和罗马尼亚集团军指挥官没有参加此次会议。

此次会议讨论的主题是1942年夏季攻势问题。冯·博克元帅就展开不同阶段的军事行动发表看法，其中数次提到攻打斯大林格勒的想法。希特勒对冯·博克的想法表示赞成，并在会议上指出："如果我拿不到迈科普和格罗兹尼的石油，那么我就必须结束这场战争。"

在整个讨论的过程中，希特勒一直表现得非常积极，并力排众议，最终制定了夏季攻势计划。

为发起1942年夏季攻势，德国国防军最高统帅部把德国本土以及法国被占领区一切可利用的兵力，既有新建制的部队，也有一些旧部队，全部调遣至东线战场进行补员。因此自1942年春季乃至整个斯大林格勒战役过程中，第6集团军接受补员的兵力有第371步兵师、第376步兵师、第384步兵师和第389步兵师，以及第23装甲师和第24装甲师。第4集团军接受“大德意志”装甲师[①]作为兵力的补充。

另外，被动员参加夏季攻势的德军各师团不仅有兵力的补充，而且还给他们提供了大量的弹药武器。

然而，对于执行远程军事目标的德军各个战斗部队来说，这些补员仍显不足。因此德国国防军最高统帅部只有一个可能的应急办法：从德国的盟国抽调兵力。

盟国部队是否愿意参与夏季攻势对德国来说至关重要。一般来说，多数盟国是在德国巨大压力的胁迫下才同意参战的。只有罗马尼亚政府主动要求参战，而且也是所有盟国部队中对德国最忠心、最可靠的盟友。

众所周知，所有盟国的武器装备和部队编制均不适合这场现代化的战争，特别是在苏联这样一个冬季极寒的环境中作战。然而，德军在公开场合仍然需要掩饰东线残酷的作战条件，以鼓励这些盟国派兵至顿河和伏尔加河地区。比如，若想劝说一位意大利士兵到俄罗斯大草原深处作战，实属不易。

我们其他几个盟国的情况如出一辙。这里不得不提到的是在第6集团军管辖下的罗马尼亚部队，我们为其提供的重型武器与我军的完全一样。罗马尼亚士兵在其指挥官的率领下，表现得非常英勇，他们在战场上显示出了超长的耐力。盟国部队存在的主要问题仍然是武器装备较差，而我们承诺为其提供的现代化武器却由于种种原因不能兑现。

根据军事计划，盟国军队将被部署在相对稳定的战区或作为

---

① “大德意志”装甲师，前身是柏林戍卫部队，是一个摩托化部队，不是一个装甲部队。

尾翼部队使用。如若必须派他们到第一线作战，就必须将他们安插在德军部队中，但出于政治动机而无法实施。德国国防军最高统帅部考虑到另外一个问题，要注意照顾到这些小国家的自尊心和声誉。所有这一切说明，除了在战略部署方面犯错外，希特勒对盟国的政策也存在诸多缺陷和不足。

为了把罗马尼亚军队紧紧地和德军的战车绑在一起，我们决定在1942年秋成立一支“顿河集团军群”，并任命罗马尼亚独裁者扬·安东内斯库为指挥官，其任务是负责自斯大林格勒南边的湖区至韦申斯卡亚镇南部的防御工作。1942年11月19日拂晓，苏军开始大反攻，向德军阵地发起攻击，该集团军群被牵绊。

为了坚守顿河与奇尔（Tschir）之间的阵地，曼施坦因下令尽快成立一支顿河临时部队，隶属于第6集团军和第4装甲集团军。

尽管缺少炮兵、装甲兵以及反坦克部队，但是大量的意大利和罗马尼亚军队仍被派往非常重要的前线阵地作战。因为从斯大林格勒战役到沃罗涅日战役，德军在整个东线战场急需大量兵力。做出这个错误决定的关键是国防军最高统帅部误判了当时的战局。当苏军有条不紊地后撤至顿河大弯曲部，且我们也仅仅俘获了少量俘虏和战利品时，国防军最高统帅部并未进行深入分析。相反，他们认为这是由于苏军不堪一击。

正是由于持有这个错误的想法，国防军最高统帅部才下定决心夺取更远的目标——斯大林格勒和高加索地区，最终不可避免地导致了灾难性后果①。

① 保卢斯在这里陈述了斯大林格勒战役失败的原因之一。罗马尼亚和意大利是主动要求派兵支援德国的，而匈牙利才是在里宾特洛甫和凯特尔的一再要求下才派了3个集团军的兵力赴东线战场的。希特勒所犯的错误是过度信任这些装备落后、补给不足且出兵动机不纯的盟友，所以才导致进军斯大林格勒时的侧翼部队一触即溃。

总而言之，德军1942年在东线战场发起的夏季攻势完全没有达到预期的胜利。苏军最高统帅部改变了战争初期与德军硬碰硬的战术，尽可能避免与德军发生正面冲突，从而有效防止主力部队被德军围歼①。

德国国防军最高统帅部无视陆军部队的警示，一意孤行地认为苏军俘虏数量的减少是由于苏军严重缺乏兵员补充。同时，国防军最高统帅部以为，苏军在顿河大弯曲部大规模撤退也是其战斗力衰弱的表现。1942年秋，德国国防军最高统帅部对苏联红军兵力进行了估算，最终得出以下结论：苏联红军现存的预备役部队仍能够进行小规模抵挡，但是绝不可能发起大规模的反攻。

为了在斯大林格勒附近进行准确的军事部署，并弄明晰国防军最高统帅部下达的所有命令和训令，很有必要对苏联最高统帅部军事行动的意图进行分析，这些情报是德军在1942年秋冬和1943年初获取的。

1942年9月12日，我和B集团军群总司令魏克斯②上将在位于维尼察（Winniza）的集团军群司令部举行了会晤，我们就攻打斯大林格勒以及顿河地区的局势达成了共识。

于是我们不断向国防军最高统帅部汇报并强调我军在顿河地区存在的问题以及面临的危险。

---

① 事实并非完全如此。在整个夏季战役期间，斯大林命令苏联红军，在遭遇失败时必须尽最大努力抵抗，目的就是削弱德军的锐气。1942年7月28日，苏联国防委员会发布了意义重大的第227号命令："不准后退一步！"斯大林第一次对外宣布苏联当前的灾难性局势。这条命令深深地铭记于苏军士兵心里，激发起了他们钢铁般的意志来同德军作战。这也是苏德战争中苏联红军最重要的一次心理转折。

② 1942年7月13日，由于冯·博克拒绝希特勒的南下命令，意欲占领沃罗涅日，并公开批评希特勒的决定，这使希特勒大为恼怒，当即撤销博克元帅的B集团军群司令之职，由第2集团军司令魏克斯上将接任。

然而，元首一边回应我们的恳求，一边反复重申他的判断：苏联红军已经是强弩之末。在他看来，苏军在斯大林格勒四郊的顽固抵抗就如同垂死之人的回光返照，绝不可能对我军造成麻烦，我们无须过多顾虑。事实是：盟国（意大利和罗马尼亚）军队真有能力做好顿河地区的防御工作吗？

在这种情况下，希特勒并没有看出来我们的左翼部队（顿河地区）受到了威胁，此时，他正调集所有主力部队攻打斯大林格勒，并试图占领伏尔加河整个西岸区域。因此，他指示B集团军群只划拨了3个新编陆军师供第6集团军调遣。

当苏军最高统帅部表现得异常平静时，我却从另外一个角度记载了苏军即将大规模进攻的最初迹象。

苏军就是这样一步步引诱第6集团军上钩的。

尽管第6集团军只用了半个月的时间（7月9日至25日）就从伊久姆推进到了克莱斯卡亚（Klestkaïa），但在抵达顿河大弯曲部时仍延误了2天。哈尔德向希特勒汇报时写道："由于缺乏补给和燃料，所以第6集团军才无法前行。"因此，德军意欲在顿河以西围歼苏军的计划破产了。希特勒幻想通过一次突袭来夺取斯大林格勒，但是没有得手。1942年7月23日，希特勒签署了第45号训令，正是该训令导致了德军在斯大林格勒和高加索地区的惨败。此时德军优先进攻的目标不再是按作战计划决定，而是凭希特勒的一时性情①来决定。由于燃油和运输优先供应高加索地区作

① 德第4装甲集团军的事件发人深省。7月12日，希特勒命令原本北上进攻斯大林格勒的第4装甲集团军掉头南下帮助A集团军群攻打卡缅斯克和高加索地区。第6集团军由此失去一个强大的援手。7月31日，在得到哈尔德和约德尔的求援信号后，希特勒又再次下令第4装甲集团军北上驰援第6集团军，作战重点由高加索地区转移到斯大林格勒。但是希特勒却从中抽走了两大主力部队：第40装甲军（仍留在高加索地区作战）和大德意志装甲师。第6集团军和回援的第4装甲集团军于9月3日在斯大林格勒西边会师，然而已经错失乘胜围歼苏军的良机。

战的A集团军群，故第6集团军供应严重不足。1942年7月，苏军在德军强大的攻势中大规模后撤，希特勒、德军最高统帅部和陆军最高统帅部一致决定再次动用战斗力稍逊的法国兵力为德军补员。此时希特勒认为苏军即将土崩瓦解，而陆军最高统帅部也低估了苏联政府的军事动员能力。实际上，自9月初，德军就新动员了24个师的兵力进行兵力补充，超过一半的战斗补员都是这次动员的。另外，德军情报战的失败是不可改变的事实，对第6集团军的毁灭负有不可推卸的责任。保卢斯正好对此记录在案：苏军自8月23日向第6集团军左翼发起了两次猛烈进攻，并纵深推进30公里，抵达顿河南岸。苏军在此建立桥头堡，对3个月后在斯大林格勒作战的第6集团军侧翼构成了极大威胁。9月12日，保卢斯会同魏克斯前往维尼察的总司令部会见希特勒，他呼吁加强B集团军群和斯大林格勒方向战斗部队的侧翼兵力，但希特勒却有意转移话题。然而希特勒在9月9日就发现德军在顿河地区左翼驻防的意大利第8集团军比较薄弱，要求B集团军群增强该区域的防守工作。保卢斯忘记提到的是，他于1942年9月12日[①]向希特勒呈递了关于斯大林格勒地区局势的备忘录。在备忘录中，他对该地区局势也持有乐观态度：最多10天即可攻克斯大林格勒。

① 同一天，朱可夫元帅和苏军最高统帅部派往斯大林格勒前线的军事代表华西列夫斯基（Vassilevski）向斯大林呈递了在斯大林格勒围歼德第6集团军的计划。该计划就是预计突破第6集团军侧翼，从而实现围歼。

附录　相关资料

德军最高统帅部的战略抉择

当美国在国内进行全面战争动员时，德国正计划在东线、地中海地区和西线实现其既定目标。

德国通过外交手段成功说服其盟国加入战争，主要目的也是为了保护其侧翼的安全。但仍有几个国家保持中立：土耳其、瑞典、西班牙和葡萄牙。

日本凭借其军队的锐气而偷袭珍珠港，目的是维护在太平洋上长久的霸权地位。

根据当前国际局势，美国不会贸然同时在太平洋和大西洋两线作战①。

① 参见让·洛佩兹：《处于战争边缘的斯大林格勒》中的文章——“德意志帝国和第二次世界大战”，巴黎，经济出版社，2008，第18页。

第42号训令节选

冬季战役行将结束。凭借士兵们无畏的胆气和不怕牺牲的精神，德军在东线战场取得了大规模的胜利，在人员和装备方面给予敌军重创。敌军为获得冬季战役胜利，已经把其所有的预备役部队投入到战斗中来了。

一旦天气好转，道路能够通行，德军最高统帅部和陆军部队将再次以不屈的意志对敌人发起进攻[①]。

第二次哈尔科夫战役

（节选自冯·博克元帅的行军日记）

1942年5月8日。第2集团军转入其战线东边向敌军发起进攻。敌军似乎被我军冲乱了阵脚，在塞瓦斯托波尔附近沉寂下来……在同曼施坦因简短交流之后，我们对接下来在该地区展开的军事行动达成了一致。

在其他战线上，特别是斯拉夫扬斯克东南角，敌军仍在负隅顽抗，敌军的某些行动目标已经明确化……

今天上午我会见了A集团军群总参谋长，他向我们阐述了由德军最高统帅部制订的“腓特烈一世”行动计划。

自我看来，我的集团军群已经没有能力再在其他战线作战

① 参见大卫·格兰茨：《进军斯大林格勒：1942年4月～8月，斯大林格勒战役三部曲》，第1卷，“收集的二战军事史料”一文，劳伦斯：堪萨斯大学出版社，2009年，第12页。

了，仅仅是攻打巴尔文科沃，就显得力不从心了……

第6集团军建议让第8军和第113步兵师投入战斗，并让刚刚抵达哈尔科夫的第305步兵师开往沃尔昌斯克作战，因为我们怀疑苏军即将发起反攻。而这样做不会对“腓特烈”行动造成任何影响。让我一直忐忑不安的是苏军会在我们发起进攻之前先袭击我们！

1942年5月9日。我今天上午向元首汇报了我们在克里米亚的有利局势。对于我集团军群其他战线的战况，我们观察到敌军最近几天在斯拉夫扬斯克东南角和东边活动非常频繁。在伊久姆西北角和沃尔昌斯克附近，敌军同样非常活跃。这是否意味着敌人即将向我军发起进攻？确实很难说……

4月30日，《新苏黎世报》上刊登了一篇关于德军下一步军事行动的文章，让苏军惴惴不安。文章中大量揭露了苏军的行动计划以及苏军的判断能力。

整个战争的前景非常糟糕……

1942年5月10日。……在斯拉夫扬斯克附近和沃尔昌斯克出现了零星的袭击。

保卢斯向我们提交了“腓特烈”行动的有关计划。除了个别细节外，我总的来说还是同意他的观点的。

1942年5月11日。克里米亚地区的行动一切顺利……

陆军最高统帅部总体上同意我们制订的关于“腓特烈”行动的具体计划。然而，根据陆军最高统帅部的意见，利斯特元帅的A集团军群将在行动的第二阶段加入战斗。在这种情况下，第1装甲集团军从那时起将转隶A集团军群。总而言之，这意味着我将负责北边的行动，而利斯特负责攻打南边的高加索地区——这真是一个毫无意义的复杂计划！……

1942年5月12日。在第6集团军正前方，敌军利用相当数量的兵力和装甲部队对我军驻扎的伊久姆西北边和沃尔昌斯克附近进行猛烈袭击。自凌晨的前几个小时起，敌军的意图明显是打算从这两个点突破我军防线……我请求最高统帅部把第23装甲师调拨给我集团军群使用。

最高统帅部答应了我的请求，但是要求我只能在非常危急的情况下才能使用。但无论如何，我总算在“腓特烈”行动发起前重新得到了该装甲师！……

下午，敌军已经突破了我第8军的防线……晚上，敌军的装甲部队离哈尔科夫仅仅20公里远了。

我打电话给哈尔德，告诉他今后不用再考虑何时实施“腓特烈”行动了，因为敌军现在已经开始对我军发起进攻了。哈尔德反驳道，他也没有接到元首的准确命令。但是要求我必须按照其要求去解决问题：我们自己的进攻仍是首要任务，因此不许动用大批部队来封堵已被敌人攻破的突破口。我试图向他解释这不仅仅是突破口，但我将尽全力保住我军的主力部队不被分散使用，为后续的大规模进攻保存实力。我把我的命令传达给第6集团军，保卢斯当天晚上很晚来见我。我向他做出指示：在没有空军掩护的情况下进行反攻必须要慎重……

1942年5月13日。上午，我向元首报告了第6集团军目前的不妙处境……敌军昨晚在沃尔昌斯克附近向北纵深突破的距离已经超出了我们的想象。我第23装甲师和第3装甲师从上午9点半已经不断向敌军发动进攻了，我也仅仅是在它们发起进攻后才得到确切消息的……

倘若从现在开始让克莱斯特的A集团军群从斯拉夫扬斯克

(Slavjansk)—亚历山德罗夫斯卡（Alexandrovska）一线向西北进攻，对第 8 军右翼的敌军发起袭击，这样即可阻止敌军的纵深突破。或者是让我手上有限的兵力从 A 集团军群左翼楔入，向第 8 军正面的敌军侧翼和后背发动突袭。第 6 集团军暂时被敌军的进攻彻底牵制住了，无法动弹。若想在巴拉克莱亚（Balaklea）向位于斯拉夫扬斯克的苏军后背发起袭击，并掩护我军东边的退路通道，A 集团军群在我看来也缺乏兵力。

另外，克莱斯特在 18 日之前也未做好进攻准备。在我军侧翼展开的小规模行动无法彻底肃清伊久姆地区的敌军，故对我们实施“腓特烈”行动有一定影响。倘若最高统帅部无法给我调拨一定数量的兵力，我只能选择其中的一种解决方案。元首临时决定让所有能够被调拨的部队随时待命，为接应我军做准备。

1942 年 5 月 14 日。我们在克里米亚地区的战局已经推进到了刻赤半岛……今天早上，第 6 集团军前线的局势有所缓和，意味着在我第 8 军右翼突破的敌军利用其摩托化部队打开突破口，一直推进至克拉斯诺格勒（Krasnograd）。负责安全的第 454 师没有进行任何反抗，放过了敌军。而在沃尔昌斯克负责进攻的我装甲部队也推进得非常缓慢，预计在今晚重组之后再次向敌人发动进攻，并很有可能会获得决定性的结果。

我给哈尔德打电话指出，我不能企盼克莱斯特的 A 集团军的袭击会取得成功。因为通过我和克莱斯特的交谈，他自己都不确定是否能够把敌军赶走。他希望可以把敌军击退至贝雷卡(Bereka)—亚历山德罗夫斯卡一线。如果他在半路停止追击，将功亏一篑。

我不能一个人承担所有责任来做决定。最高统帅部应该清楚是否决定为我增加必要的援军。为了我集团军群的利益，我也可违心地从克莱斯特那里“借”一些可用兵力过来使用。即调3到4个师的兵力，其中包括一个装甲师，来增强第11军的左翼，协助第11军阻挡敌军的进攻。

我用下边这句话来总结我和佐登施特恩将军的谈话：“您将会看到元首要求各军群按主要方案来执行任务。最高统帅部在做出重大有利的决定后，也将获得所有军群的赞誉。”

正如前面所说，希特勒下午就给我打电话，并要求按主要方案来执行行动！……他命令集结所有可用的空军部队，包括正在克里米亚执行任务的空军。在空军部队的掩护下，我们必须要顶住敌人的进攻，直到克莱斯特的A集团军群向敌军发起进攻。元首的这个决定让我心里的一块石头落了地，我兴奋异常地着手准备这场宏大的军事行动。

如我所料，我装甲军在沃尔昌斯克附近发起进攻后，除了夺取了几个阵地外，其他一无所获。第6集团军总共损失了16个炮兵连的兵力。相反，克莱斯特宣布他提前一天做好了进攻的准备，即17日即可发起进攻。

1942年5月15日。在最高统帅部的要求下，我向他们分析了当前局势。简而言之：“我们将孤注一掷。”

1942年5月16日。我在中午左右来到克拉斯诺格勒，鼓舞坚守在这里的士兵们的士气。一如往常，在军营间不断传播着有关我军失败的谣言。

晚上我回到司令部后就获悉苏军在第8军前线继续推进，由于第8军左翼的匈牙利军队叛逃，迫使集团军司令部不得不下令后撤了十来公里。我想下令取消，但为时已晚，因为保卢斯向我证实此次后撤是不可避免的。问题很严重，因为敌军现在不仅仅突破了第8军左翼和第44步兵师之间的防线，而且向克拉斯诺格勒以北的突破口不断扩大。于是我正式下令：在没有得到我的命令之前，所有部队不得后退半步。

1942年5月17日。克莱斯特的A集团军群发起全线进攻，而且进展非常顺利。苏联装甲部队在克拉斯诺格勒、在我第8军前线阵地以及在沃尔昌斯克袋形阵地发起的所有进攻都被击退了。

然而，我却给元首发了一封新的警告信：仅仅凭借我们当前的兵力不可能获得最终的胜利。因此我请求他对我向最高统帅部提出的要求做出回应……

1942年5月18日。A集团军群继续取得了可观的战绩：已经夺取了伊久姆南边的大部分高地和贝雷卡地区的河流……

我乘坐飞机来到第1装甲集团军司令部，在这里我和克莱斯特达成了所有共识。

晚上，我同哈尔德进行了交谈。首先我就不断打电话骚扰最高统帅部的问题向他道歉，但是同时也解释了原因。主要原因是因为我怀疑最高统帅部不能正确判断B集团军群当前的困境：敌军用八九个装甲旅的兵力对我第8军进行攻击；在沃尔昌斯克附近，敌军又投入了七八个旅的精锐步兵作战。所以第8军其实已经是强弩之末。

由于哈尔德打算让克莱斯特的A集团军群掉头西进，于是我提出了反驳意见。因为我担心在没有A集团军群的协助下，我集团军群没有能力坚守贝雷卡通道，所以让A集团军群掉头西进的计划不切实际。在我看来，除了缓解我第8军承受的压力外，克莱斯特的A集团军群应该协助我们彻底歼灭伊久姆地区袋形阵地里的所有敌军。

晚上，哈尔德给我集团军群参谋长佐登施特恩打电话问道："您的上司真的没有夸大其词吗？"

1942年5月19日。A集团军群的右翼部队越过贝雷卡河谷，并夺取了彼得洛夫斯卡亚（Petrovskaja）以西被苏军死守的高地……

晚上，我向元首汇报了当前局势以及在刻赤半岛取得的胜利。同时我向他指出，我军在哈尔科夫战役的防御阶段已经取得了成功。与陆军总参谋部提出的防御策略不同的是，元首问我是否是重新夺取被敌军占领的顿涅茨的机会到了？我默许了元首的建议，因为这正好是我的想法！……

1942年5月20日。晚上收到了元首的一份命令，命令要求"蓝色"方案必须如期执行；而且，在可能的情况下于6月5日必须对塞瓦斯托波尔发起进攻。

克莱斯特把他的行动计划告诉了我：停止掉头西进，调集其所有可用兵力北上驰援我集团军群。第6集团军建议从巴拉克莱亚地区和安德烈扬克（Andrejenka）地区调回其精锐部队，以夺取正南边的军事基地……我同意了他们的请求，并在当晚下达命令，要求相关部队封锁伊久姆的袋形阵地。加油！一切将会顺利，一切将会成功！……

1942年5月22日。我告知最高统帅部，在6月10日前无法发动塞瓦斯托波尔战役，正因为这个原因以及其他的一些因素，"蓝色"方案只能在6月21日开始执行。

1942年5月23日。在哈尔科夫战役中，敌军不顾一切地从我军包围圈内外两侧进行突围，意欲突破我军的包围圈……

1942年5月25日。被困苏军四周的包围圈不断收紧……

最近，我军试图阻止敌军从萨文兹（Savinzy）发起的反攻，这波反攻来自巴拉克莱亚，也就是顿涅茨北边。然而，新上任的第6集团军总参谋长无视敌军的锐气，在这里与敌军进行殊死抵抗。实际上，倘若我们想得到这一线的阵地，不会从南边发起进攻。很明显，我军必须推进至伊久姆以北地区。要想实现这一目标，需要花费一些时间，而且还需要有装甲军的介入。这一切都需要我军紧急停战，为执行“蓝色”方案做准备……我听从了他的建议，并避免对如此具有诱惑力的牵制攻击行动做出其他的限制。

1942年5月26日。我视察了第44步兵师、第23装甲师和第16装甲师、第60摩托化师以及第1山地师。所有部队的公告栏都一样：被包围的敌军在不断殊死反抗，但是他们明显是在做垂死挣扎。从罗索旺卡（Losovenka）东南边的高地放眼望去，我发现我军炮兵部队集中火力对被困敌军发动袭击，敌军毫无还手之力。大批的俘虏从四面八方越过我装甲部队和第1山地师的包围圈向外逃窜。战斗的现场给我留下异常深刻的印象。

1942年5月27日。哈尔科夫战役接近尾声……晚上晚些时候接到来自最高统帅部的命令，希特勒最终决定在伊久姆和萨文兹之间对敌军发动一次进攻，目的是减少沃尔昌斯克地区敌军数量。他打算在发动“蓝色”方案之前，最大限度地歼灭敌军，降低敌军的数量。

1942年5月29日。整个前线阵地相对沉寂下来。没有什么重要的行动值得提及。

我军在哈尔科夫战役中战绩如下：俘获239 306名敌军，缴获2 026门大炮，摧毁敌军1 249辆坦克，击落敌军飞机540架。而我军仅仅损失了两万余人。

赖歇尔事件以及希特勒的施令风格

（节选自冯·博克元帅的行军日记）

1942年6月13日。由于自南方来的第22装甲师和自北方来的第305步兵师驰援及时，我军再次封锁了沃尔昌斯克东南边的包围圈。尽管有部分敌军突围成功，但是当天晚上我军已经俘获两万多敌军，缴获一百余门大炮，并摧毁150辆敌军坦克。

中午时分，我同第6集团军参谋长施密特（Schmidt）进行了交谈。他主张，趁敌军现在被我军严重削弱，把部队推进至奥尔乔瓦特卡（Olchovatka）地区占据优势的高地。为了能够顺利完成这次围攻任务，我非常赞成他的提议，并答应把第3装甲军划拨给第6集团军。同时，我认为更重要的是第8军和其左翼部队应该把敌军阻挡在内什高尔（Neshegol）地区之外，为"蓝色"方案的实施占领一个具有优势的出发阵地。施密特似乎完全明白了我的意图……

1942年6月20日。天气似乎终于变得好了起来。为避免奥尔乔瓦特卡地区出现意外情况，我命令第3装甲师和第23装甲师向沃尔昌斯克方向移动，这两个装甲师原本驻扎在哈尔科夫，为实施初期做战计划做准备。现在，这两支部队既可备战初期作战计划，又可随时投入奥尔乔瓦特卡地区的战斗，避免意外发生。

第23装甲师作战参谋约阿希姆·赖歇尔违反规定，携带初期作战计划乘坐斯托奇轻型飞机，在离我军前线4公里的地方被敌军击中飞机油箱后被迫降落。在我军进行搜救时，没有发现任何血迹和其他印迹，因此我们肯定行动计划落到敌军手上了。尽管如此，由于时间不允许，所以元首决定不采取修改这项总的计划的做法，坚持尽早实施“蓝色”方案。

1942年6月21日。上午，我向哈尔德汇报了我下一步的作战计划：我下令在明天早上启动“腓特烈一世”行动计划，但由于敌军集中部署在奥尔乔瓦特卡地区，在我看来，当务之急是尽快实施初期作战计划。我请哈尔德代我向一直住在巴伐利亚的元首汇报一下我的计划。哈尔德不确定当天是否可以联系上元首……

1942年6月22日。第1装甲集团军开始实施“腓特烈”计划。在伊久姆及其西北边，我军很快攻克顿涅茨，萨文兹也落入我军手中。由于遭到敌军顽强抵抗，我装甲军推进缓慢，离库皮扬斯克还有一半的距离。

根据情报集结显示，集结在奥尔乔瓦特卡地区的敌军似乎在向北推移。这有可能是敌军获得了赖歇尔坠机时泄露的我军作战计划所致。他和飞行员的尸体被我们找到了，但是在他的口袋里没有找到任何资料文件。

接到上峰命令：初期作战计划具体实施的时间是6月26日。

1942年6月23日。19日赖歇尔坠机泄密的事情似乎给我带来了麻烦。哈尔德让我就此事去向元首当面说清楚。我打电话给德军陆军人事局局长、希特勒的陆军副官鲁道夫·施蒙特(Rudolf Schmundt)上将，向他表明我不想在元首接到首份调查报告之前卷入此事。即使元首在获悉此事之后对我采取了一定的处罚措施，但我希望在此之前他不要把我当作当事者对待。因为在我看来，除了赖歇尔本人，没有任何人应该对此事负责。晚上，施蒙特告诉我，元首只有在明天下午才能抵达东普鲁士，因此在此之前不能接见我，一切都要等第二天再说。

1942年6月25日。我乘飞机抵达希特勒的指挥部。在那里我听说弄丢初期作战计划的几位军官没有向希特勒承认此事，而是按照我给他们交代的方式回复希特勒。凯特尔元帅先接待了我。我非常紧张，我觉得这是我最黑暗的一天。他向我分析了一下儿情况：元首将此事视作德国军官团另一次怠忽职守与不称现职的明证，并授权要我告诉你，他打算对所有失职军官，自你起，一律予以处分以儆效尤。凯特尔向我宣读了处罚决定，但似乎没人认真听，因为里面包含了许多不合理的条款。我恳请凯特尔不要再继续念下去了。

接着是元首接见了我，他的情绪很不好，施蒙特也一起参加了会谈。我向他陈述了调查的内容，他很少打断我，但偶尔会问我几个问题，安静地听取我的观点。我向他表明，在失密事件中只有赖歇尔本人应该对此事负全责，除此之外其他任何人都不应该承担任何责任，顶多批评第40装甲军指挥官管理不力。事实上在我看来，这次失密事件是一个可能导致严重的后果的天大错误。但无论在任何情况下，我只能认定此事是一个错误，而非违法。

最后，我补充道，我知道元首对初期行动计划被泄露有多么担心，特别是陆军高层领导。作为一名老军官，我知道他的担心不是毫无根据的。但是倘若向他承认在军队内部有许多违规行为的话，那么我和那些级别与我相同的高级将领都会卷入此事。元首一直安静地听我陈述，正如我们所料，他保留了他的决定。在就整体局势对我进行了长时间的批评教育之后，他辞别了我们。

但很显然的是，他比来见我们时的情绪好多了。

1942年6月26日。我回到了波尔塔瓦的司令部。

1942年6月27日。晚上6点，凯特尔给我发来一份电报，内容是在失密事件发生之后，元首决定免去第40装甲军军长和第23装甲师师长及总参谋长的职务。他委托我负责这些职位的交接工作。重新任命的继任者很快到位。被撤职的两位军官都是身经百战的装甲部队指挥官，更可悲的是已经决定让第40装甲集团军协同第6集团军一起投入到斯大林格勒战役中去了。

晚上，通过同哈尔德和施蒙特电话交谈得知，我们在25日同元首会谈之后，让失密事件得到了缓和。然而元首在看了报告之后得知我们原本只打算惩罚第23装甲师的一位秘书，让这个秘书作为替罪羊。这就是为何惹他生气的原因……

其实在25日的会见过程中，我已经把关于处罚秘书的想法给元首做了详细的说明。我当时考虑到公开对这位军官进行处罚是完全没用的，于是在23日，在证据不足的情况下，军部对这位涉事军官私下进行了批评教育。而最高统帅部的过度激动是毫无根据的。

于是我又给元首打电话，直截了当地把此事给他解释了一遍：由于我25日的解释可能不够清楚，才让最高统帅部产生了误解。元首听完我的解释后平静了很多，并坦陈，正是我这个通过惩罚下属来为自己开脱的主意让他非常愤怒。我的辩解是，我们没有任何人想过会让一个没有责任的下属来承担责任。最后，当我问他最高统帅部的这道处罚命令是否需要继续执行时，他言简意赅地答道："是的。"

1942年6月28日。听说第6集团军总司令保卢斯在谈到对失密事件中涉事军官的处罚方式时，也建议不应该公开惩处。我请他少安毋躁并向他保证："毫无疑问，负责处理好您自己的事情就行了！"

1942年6月30日。第4集团军投入了战斗。其主力部队在沃尔昌斯克附近和内什高尔地区遭到敌军异常猛烈的抵抗……

1942年7月3日。元首早上7点钟突然来到我军司令部。尽管他凌晨4点就坐飞机离开其指挥部，但他的心情显得异常的愉悦。他证实了哈尔德前一天向他汇报的军情，并告知我，倘若要付出很大代价的话，我完全可以自行决定是否有必要夺取沃罗涅日。

在即将离开的时候，哈尔德才提及将在"蓝色"行动的第二阶段对集团军群重组的问题。我迫切地阐述了我的想法：绝不同意把集团军群进行重组。原因是当前所有的计划、所有的前期准备工作以及兵力部署都是我负责的，如果把兵力分散，对整个战局非常不利……该问题最终悬而未决。

在交谈过程中，希特勒公开嘲笑英国军队出于报复而把自己军官撤职的事情，并断言将一举打垮英国。

第6集团军阵前的敌军似乎被彻底打垮了……

1942年7月5日。接到一份命令：利斯特将于7日上午受命指挥第1、第2装甲集团军以及第17集团军。至此，这场进展顺利的战役被一分为二了！……

1942年7月13日。我在上午给哈尔德发送了一份电报，内容如下：

第4装甲集团军前方和A集团军群左翼的敌军主力部队正大规模地向东南方和南方撤退。如果我军继续坚持实行削弱两翼来增强中路军的战术的话，我不相信我军能够实现全歼敌军的目标……另外，在保证第4装甲集团军侧翼和尾翼安全的前提下，其主攻方向应该是顿涅茨河入口处，然后经过摩洛索夫斯卡亚（Morosovskaja）向东推进。

下午，凯特尔元帅发来一份电报，按照最高统帅部商定的计划，元首下令第4装甲集团军转隶A集团军群。另外向我宣布了一个令我异常震惊的消息：由魏克斯接替我担任B集团军群总司令，同时令我到元首帐前听令。

1942年7月15日。早上6点，我和魏克斯进行了军中交接工作。7点左右，我飞往柏林。

乔治·施图姆上将给保卢斯的信（节选）

1942年8月14日于格拉（Gera）

亲爱的保卢斯：

我必须要向你讲述一下我是如何结束我这次悲惨经历的。在波尔塔瓦的冯·博克元帅处愉快地停留了一晚后，我们三人搭乘飞机回国。在波尔塔瓦期间，冯·博克元帅向我们讲述了他在元首面前为我们做出的努力。我们被秘密地安排在凯特尔元帅的专列上待了几天，其间有一位军事法官来见过我们几次。然后我们被送往卫戍部队等待后面的审判。在被遗忘了一段时间后，元首让戈林元帅负责对我们主审，瓦尔特·莫德尔（Walter Model）、冯·托马（von Thoma）以及另外两位军事法官参加审判。戈林元帅以同僚的身份对案件进行审理：整个事件的发生节点进行恰当描述，但是在做文字性记录时采用避重就轻的记录方式。因

比较担心第6集团军的左翼。

1942年8月21日。冯·里希特霍芬在冯·塞德里茨的陪同下视察了第51军。塞德里茨试图在其右翼建立一个桥头堡，为坦克部队打开一个突破口。“我在侦察部队的帮助下赢得了一个天文台。一切进展顺利。敌军确实比我们预期的还要衰弱，但我军仍然高估了自己的对手。实际上是因为我军长期作战，已精疲力竭……”

1942年8月23日。第8航空军以惊人的速度调动了整个第4航空大队的积极性。该航空队彻底击溃了敌军。在其掩护下，温德·冯·威特斯海姆（Wend von Wietersheim）中将的第11装甲师毫不费力地向前推进了60公里。下午4点，我军已攻克伏尔加河地区……

1942年8月25日。冯·里希特霍芬乘飞机来到第76步兵师，在这里他再次遇到塞德里茨和保卢斯。“敌军得到了大批援军的增援，战局变得紧张起来。步兵师的两翼由于缺少装甲部队协助，在敌军顽强抵抗下寸步难行。而装甲部队只有在三天后才能赶回来支援。”当前局势让保卢斯紧张不已。下午1点开始，我空军部队对斯大林格勒进行大规模轰炸，一时间斯大林格勒城内狼烟四起。

1942年8月27日。保卢斯的军队士气非常低落。第6集团军前线的局势仍相当紧急。保卢斯和霍特不打算在29日前发动进攻。里希特霍芬派其第3处主任陪同德国空军总参谋长汉斯·耶顺内克(Hans Jeschonnek)和空军总司令戈林至第6集团军司令部，以个人名义告知保卢斯和霍特，目前整个军队表现得有些紧张，而且集团军统帅部存在一些不足！……

1942年8月31日。我军仍然抵达了斯大林格勒。

1942年9月2日。第6集团军和第4装甲集团军今晚终于在距斯大林格勒南边10公里远的地方会师了。

1942年9月10日。两军在斯大林格勒城外一直处于胶着状态。

1942年9月13日。上午7点半，里希特霍芬单独同第8航空军军长马廷·菲比希（Martyn Fiebig）来到距斯大林格勒15公里开外的一个狩猎场，自己扮演猎人进行狩猎……我军在斯大林格勒只取得了一些零星胜利……

1942年9月16日。里希特霍芬再次来到这个狩猎场。尽管敌人很弱，但我们的攻城速度仍然很慢。正如最高统帅部在阿斯特拉罕看到的那样，我军士气低落，而且人员缺额严重。在第51军内部，同样如此。在第8航空军内部，里希特霍芬批评该军官兵缺乏积极性和主动性。我们无法果断地解决我军的后勤补给问题。做出的每个决定都很慢，而且很优柔寡断。由于里希特霍芬对局势很乐观，所以他下达了一些严格的命令。“不幸的是，由于陆军部队处于瘫痪状态，所以空军部队也无法单独地搞定一切。只要统帅部能够快点儿做决定，那么斯大林格勒将只需两天就能攻克。”在我军北边，苏军正在大量集结，为反攻做准备。我们真想在明天早上发起总攻。

1942年9月19日。帝国元帅[①]召见。里希特霍芬告知元帅，斯大林格勒即将被我军攻陷。“不再是明天了……”

1942年9月22日。在斯大林格勒城内，我军推进速度极慢。第6集团军也已经师老兵疲。北边的苏军已经迫使第6集团

---

① 戈林。

军左翼进入防御状态，而其新增的援军却很少。敌我双方为争夺每一座房屋、车间、水塔、铁路路基，甚至为争夺一堵墙、一个地下室和每一堆瓦砾都展开了激烈的战斗。其激烈程度是前所未有的！

1942年9月26日。我军今天取得了较大胜利。北边的107.5高地被我军拿下。敌军用其“喀秋莎”火箭炮对我军进行猛烈反击。今天已经超额完成战斗任务。没有一架苏军战机飞过斯大林格勒。估计他们也缺少燃料！……

1942年10月3日。我和耶顺内克来到斯大林格勒，参观了第8航空军指挥所。先乘坐斯托奇轻型飞机查看了前线阵地，四处都是炮弹炸起的烟雾和灰尘。我们同保卢斯和塞德里茨进行了长谈。他们两人意见相同：第6集团军严重缺少步兵兵力，胜算渺茫。

耶顺内克对战场印象深刻。里希特霍芬向他谈了自己的想法：“当前我们缺少的是对战局的清晰视图以及主攻方向的精确概念。我们目前缺少兵力，不可能全线用兵。这是毫无疑问的。无论打哪里都要花时间，一切都会顺利进行！当然，必须先结束我们已经开始的战役：斯大林格勒和图阿普谢战役。”

1942年10月5日。保卢斯决定在援军到达之前先暂停进攻，并对第6集团军进行重编。少说也要五六天的时间……

1942年10月6日。后勤补给的问题限制了一切行动……

1942年10月14日。在第8航空军的掩护下，斯大林格勒城内的战斗进行得非常顺利。苏军似乎异常吃惊。著名的拖拉机厂落入我军手中。我们沿着伏尔加河向北推进了3公里。

1942年10月19日。城内的战局不太明朗。被派来救援的部队一开始都显得过于乐观而掉以轻心。由于每个人对局势的看法都不一样，所以很难形成自己的观点。从斯大林格勒北边斯巴达克夫卡（Spartakovka）发起的攻势，一出发就被敌军阻挡住了。由于步兵部队不按照飞机的攻击的方向冲锋，菲比希感到很绝望。

1942年11月1日。里希特霍芬一大早来到斯大林格勒的狩猎场。在那里同保卢斯和塞德里茨进行了交谈。里希特霍芬对他们说空军部队真不应该介入此战役，“因为陆军的炮兵部队不进行掩护，步兵部队不利用航空部队的轰炸进行冲锋。我们战机在力所能及的范围内投弹轰炸以协助步兵榴弹队，但是后者没有任何反应。”有人总是试图用那些事实来说服我：兵力薄弱、缺乏巷战经验、后勤补给短缺。但里希特霍芬仍然派遣了训练有素的空军部队来此作战。当天晚上，里希特霍芬给耶顺内克打电话，请他立即调派第4工兵营来斯大林格勒驰援。

事实上，我们失败的唯一真实原因是我军官兵连续作战，身心疲惫。里希特霍芬猛烈抨击最高统帅部的形式主义，原本只有1000人的配额，却说有12 000人……另外，他指责陆军将领只会发号施令，而不亲自到前线阵地了解具体情况。我直言不讳地把这一切说给保卢斯听，他当然不愿意承认，但又找不到反驳我的理由……

1942年11月9日。寒冷突如其来地降临了。在整个顿河地区的阵地上，一切都结冰，四周一片洁白……

1942年11月11日。第8航空军投入一个航空分队对斯大林格勒进行轰炸，击退了集结在罗马尼亚第3集团军阵前的敌军。

1942年11月12日。里希特霍芬亲自在其记事簿上写道：

驻扎在顿河地区的罗马尼亚军队阵前，苏军正在做准备工作。第8航空军的部分战机和罗马尼亚航空部队不停地对其俯冲。这些苏联人什么时候才会开始发起进攻呢？至此可以推断，他们肯定也缺少后勤补给。他们的炮兵部队仅仅能掩护自己的那块阵地。但愿他们不能从我军防线突围出去！

1942年11月14日。天气仍然非常糟糕，而且还起了冻雾。这才是真正的“冻雨”……

斯大林格勒城内寂静无声。为了切断敌军的补给线，我们的轰炸机去轰炸城东的铁路去了。我们似乎想把战斗部队集中到顿河沿岸，以阻挡敌军可能的推进。

1942年11月16日。天气一如既往的恶劣。里希特霍芬在电话中和总参谋长蔡茨勒进行了长谈，他向总参谋长表示：“我们需要弄清楚是主动发起进攻还是被动防御。在伏尔加河的河水顺流冲走冰块之前，是不是暂停斯大林格勒城内的战事呢？”

时间在慢慢流逝，天气也越来越冷。蔡茨勒同意我的想法，决定同希特勒沟通。晚上，我收到元首以电报的方式给我发来的命令。我并不觉得情形有所改变。我曾告诉蔡茨勒，我已经受够了斯大林格勒城内的德军指挥官和士兵，如果没有新鲜血液注入的话，城内的一切将会变得很糟糕。我向他建议，无论城内的指挥官多么的才华横溢，只要他们身居高位但缺乏勇气，在可能的情况下希望能够换掉他们。

城内我军的指挥部门很显然优柔寡断、指挥不力：当苏军在城内不断集结并做战前的准备工作时，我军3个装甲师却岿然不动，既没有抢先发动进攻，也没有直接击溃敌军。

1942年11月19日。那天早上，苏联红军终于对我军发起了我们等待已久的进攻。冲破了我军克莱门斯卡亚（Kremenskaja）的桥头堡一路向西，越过顿河，突破第6集团军左翼防线，向奇尔方向大规模纵深楔入。

这与我们得到的情报相互矛盾。但可以肯定的是敌军装甲部队已直插我第11军和罗马尼亚第2集团军的背后了。罗马尼亚部队原本是用来作为预备役部队备用的。斯大林格勒城内的所有进攻不得不暂停，保卢斯把部分兵力增派至其左翼部队。

苏联人很会利用凌晨的极寒天气来主导进攻。下雨、降雪以及冻雾都会影响我军战机起飞。第8航空军从其奥波利夫斯卡亚（Oblivskaja）指挥部只勉强起飞了几架飞机。我军战机可以轰炸通往顿河地区的公路，但是却不能对整个战局作空中侦察。希望苏军不要推进至铁路沿线，那可是我军后勤补给的生命线啊……

盟军眼里的征战斯大林格勒——1942年11月19日至23日期间罗马尼亚第3集团军在顿河地区的战斗

（节选自德军关于罗马尼亚军队作战任务的档案资料）

罗马尼亚第3集团军总司令杜米特雷斯库（Constantin Dimitresco）估计，其部队不可能成功守住克莱特斯卡亚（Kletskaja）—狄夏亚（Tischaja）一线的前线阵地，除非顿河被我军控制，而且有反坦克部队前来增援。其实他在9月底参观B集团军群时就建议临时集结德军和罗马尼亚的预备役部队来袭击敌人，把敌军赶到顿河对岸。这个建议被认为是非常明智的。但出于全局考虑，该建议被认为不具可行性。10月10日，罗马尼亚第3集团军受命夺取顿河地区。10月16日，杜米特雷斯库提议让罗马尼亚军队立刻发起行动，改变布利诺夫（Blinoff）地区当前的局势。然而B集团军群在经过一番争论后，驳回了其建议。

10月18日至21日，罗马尼亚军队电报告知德陆军最高统帅部，请求由罗马尼亚第3集团军换防意大利的第8集团军。陆军最高统帅部回复道，同意罗马尼亚军队至少替换一个师的意大利军队。最高统帅部的回复得到罗马尼亚军队的重视，决心用有限的兵力和被削弱的预备役部队冒险夺取阵地。10月底，一个师的意大利军队如期被罗马尼亚人接替了。

罗马尼亚师级单位（7个营）的防区战线平均距离为20公里。在接防意大利师（“Celere”）后，罗马尼亚参谋部就确信对面的敌军在备战，随时可能会发起进攻（苏军在其顿河以北的防线后方大量集结部队，而且越来越频繁地发起局部战斗，其目的是逐步击溃我军的薄弱阵地，为发起总攻铺平道路。）

11月9日，我只身来到位于旧别利斯克（Starobelsk）的B集团军群司令部，就迫在眉睫的攻势同魏克斯交换了我的个人想法。集团军群统帅部立即采取措施，在我军后方增派西蒙斯（Simons）指挥的混编部队。

该混编部队是B集团军群的一个预备役部队，听命于第48装甲军总司令。

与此同时，第4航空大队对敌军阵地进行轰炸，并取得一些成功。而且该航空大队已经做好大规模介入此次突破敌军防线的准备。

反坦克部队的处境特别不妙。只有3个机动反坦克连，每个连只有12门47毫米的反坦克炮。而陆军部队却一门反坦克炮都没有。我军每个师团级单位配备一个畜力牵引连，总共有12门至16门47毫米或37毫米的大炮。自1942年10月起，每个师增加一个德军畜力牵引连的47毫米反坦克炮。罗马尼亚炮兵部队却没有增加反坦克炮弹。地雷和引爆装置都即将用完。

我军阵地未被充分加强。在换防时，营地里什么都没有。随着天气渐渐变冷，当务之急是解决人畜的保暖设施和衣被。我军在夺取敌军部分阵地后，首先就找到了一个用混凝土建造的建筑物作为指挥部。别看我们的盟国军队表现得极为热忱，一旦敌军发起进攻，他们的防线就会被冲破。

至于军队的后勤补给，从我们抵达指定位置，一直到进入苏联境内作战，军需补给都只可望而不可即，因为国内的粮食供应都不足。在对军队动员之前，没有什么是可以预见的……

自罗马尼亚军队到达既定阵地起，9月、10月一直到苏军发起进攻的前一天——11月18日，我步兵部队在这3个月内的表现相当不错，几乎打退了敌军所有的进攻。然而，显而易见的是现在我军一遇到苏军发起进攻，就放弃抵抗，从而丢失了阵地。这也是为什么敌军能够在很短时间内轻而易举地突破我军防线夺回大面积领土的原因。

在我们身后的祖国，人们竭尽全力鼓动罗马尼亚军队征召预备役部队，远赴苏联作战，但是却被我们盟友的不理解所伤害。集团军群总司令部命令我军第15步兵师驻防格朗基（Gromki）地区，第7骑兵师驻防桑尤特金（Senjutkin）地区。但是，每个防区都是我军被安置在最前线。

罗马尼亚军总司令、第48装甲军司令和德军联络官共同认为，在敌军发起进攻前，只要有足够的时间集结整个第48装甲军参战，盟军部队足可以应付当前局势。可以证明的是，罗马尼亚在之前的战斗中已经体现出了预期的防御能力。

不幸的是，第48装甲军出其不意地被敌军的进攻打败。根据兵力配备表显示，截至11月18日，德军第48装甲军下辖：第14装甲师，51辆坦克；第22装甲师，40辆坦克（其中5辆38吨级坦克）；第1装甲师，108辆坦克（其中87辆38吨级坦克）；共计107辆现代化坦克（其中97辆38吨级坦克）。

11月19日晚，敌军在罗马尼亚第9和第14步兵师之间撕开了一个宽14公里、纵深10公里的突破口。

第11步兵师在其师长指挥下，有效地击退了敌军的进攻。然而第7步兵师却未能顶住进攻，被击溃。

至于德第48装甲军，11月19日上午10点10分受命在克莱特斯卡亚地区作战，然而11点半又收到集团军群司令部的命令，要求其部赴布利诺夫地区作战……

11月20日晚，罗马尼亚第3集团军司令部接到集团军群总指挥部命令，要求其有序撤退至摩洛索夫斯卡亚地区。

集团军群总指挥部命令所有后撤部队撤至奇尔地区后，重新建立一道新的防线进行抵抗。

11月20日，罗马尼亚第6步兵师在拉斯卡尔将军(Gen. Lascar)指挥下英勇抵抗，击退了苏军的所有进攻。拉斯卡尔将军本人非常蔑视所有的撤退命令。

总而言之，自19日至24日，罗马尼亚军队全体官兵英勇战斗，做出了壮烈的牺牲。许多艰巨任务得以圆满完成，许多战斗部队立下了卓越功勋。只有当敌军装甲部队对我军大规模进行袭击时，我军才请求德军装甲部队驰援……

苏军在斯大林格勒战役中取得决定性胜利的原因是大雾始终笼罩着整个战场。

罗马尼亚炮兵部队、空军部队以及德国空军部队也为地面战争提供了功勋卓著的掩护。

第五章　斯大林格勒包围战（第一阶段）：1942年11月19日至12月12日 试图进攻还是试图突围

1942 年 4 月，希特勒认为，即使德军不能拿下高加索地区的油田，也将竭尽全力彻底摧毁苏联的机械化部队。8 月底，希特勒夺取高加索的计划失败了，但他仍有一个选择：炸毁格罗兹尼和巴库地区的油田，给已经衰弱不堪的苏联经济另一痛击。但他没有采用这个决定，因为他仍对这些油田不死心，幻想有一天能够攫取它们。当下定决心炸毁的时候已经是 10 月份了，但为时已晚。“蓝色”方案中占领高加索的行动彻底失败了。至此，希特勒整个行动的计划全被打乱。斯大林格勒和高加索两个方向的行动全部停滞不前。他必须承认自己决策失误：越来越多的军官反对他。9 月份，他把进攻高加索地区失败的原因归咎于 A 集团军群指挥官，因此罢免了其总司令冯 · 利斯特。9 月 24 日，他解除了哈尔德陆军最高统帅部参谋长的职务，由蔡茨勒接替。他就此事和一向对他言听计从的约德尔之间也产生了矛盾，因为约德尔也认为责任不在哈尔德和利斯特。在整个东线作战期间，这可是国防军最高统帅部和陆军最高统帅部第一次就某个问题达成共识。真是前所未有！希特勒立即抓住这个机会实施独裁。从那天起，无论任何决定都必须得到他的授权。高加索一线的计划完全报废了，但仍可选择攻打斯大林格勒。然而，德军却犯了一个错误：夺取这个城市。其实只要控制伏尔加河的航运，摧毁城内所有的兵工厂即可，根本无须完全占领该城。在进城之后，第 6 集团军的战术就完全发生了改变：城市战。

斯大林格勒战役的第一阶段是从 9 月 13 日开始，9 月 26 日结束。保卢斯的行动目标分别是：马马耶夫（Mamaïev）山冈（高 102 米）。该山冈是斯大林格勒市区制高点，从这里可以俯视整座城市和伏尔加河，控制住这座山冈就能控制住很大一片范围，包括伏尔加河运输线；城市北部以及通往卡拉斯拉雅斯洛波达（Krasnaïa Sloboda）的火车站。该站位于伏尔加河左岸的郊区，是苏军为朱可夫[①]的第 62 集团军提供增援部队以及军需辎重的必经之路。

保卢斯制订的计划非常经典：由冯 · 塞德里茨指挥的第 51 军在北、霍特的第 4 装甲集团军在南，对斯大林格勒实施双层包围。9 月 13 日早晨 6 点半，斯大林格勒开始成为人间地狱。在空军部队的掩护下，德军南北两支部队慢慢缩小包围圈。14 日，伏尔加河畔的车站和码头被德军炸成一堆瓦砾，德军用火炮控制苏军在此上下一切货物。朱可夫在等待援军的到来，特别是希望苏军第 62 集团军所属第 13 近卫师能够趁天黑渡过伏尔加河来增援[②]。9 月 15 日，苏第 13 近卫师再次争夺被德军占领的斯大林格勒

---

① 历史在这里为我们提供了一对风格迥异的对手：朱可夫，苏联第 62 集团军总司令，行事风格强硬，但有时粗暴；平易近人，精力充沛，服从命令，但有时会毫不犹豫地反驳上司。保卢斯，睿智，拘谨；行事优柔寡断，但有时吹毛求疵。（戈利茨）

② 这支苏军的精英部队在 1942 年的六七月间的夏季攻势中几乎覆灭，但是其大部分将领有序撤退至乌拉尔（Oural）军区，该部由罗迪姆采夫（Alexander Rodimtsev）指挥。罗迪姆采夫曾因为成功指挥马德里德巷战而在西班牙战役中享有盛誉。1941 年 5 月，担任苏军第 5 空降旅旅长，并在 1942 年 8 月指挥其空降部队防御基辅。参见大卫 · 格兰茨：《斯大林格勒战役三部曲：决战斯大林格勒，1942 年 9 月～ 11 月》，第 2 卷，劳伦斯，堪萨斯大学出版社，2009 年，第 744 页～ 745 页。

中央车站，该车站在苏德两军之间已经数易其手。在马马耶夫高地，是同样的场景。苏第13近卫师官兵赴汤蹈火、前赴后继地往山冈上发起进攻。保卢斯派出4个师的兵力从山冈南边抵抗苏军，德军暂时的优势似乎很难被打破，但是也付出了惨重代价①。9月26日，保卢斯给希特勒发了一个消息：帝国的国旗已经飘扬在斯大林格勒中央广场了。然而保卢斯自己也没有十分的把握，因为苏军利用城北工厂里的备用车站继续增加兵力和军用物资。这已是斯大林格勒战役第二阶段（9月27日至10月7日）的战况了。

保卢斯的攻击计划一直没变：第16装甲师和第389步兵师在北、第71步兵师在南，对斯大林格勒进行双重夹击。城内，第24装甲师负责进攻革命工厂，第100歼击师和第308步兵师负责夺取红色十月工厂。战斗异常惨烈，使用刺刀、手榴弹的白刃战，也无时不在这里进行。28日，德军战况比较顺利，夺取了一些兵工厂，部队推进至苏军最后一道防线——伏尔加河畔，然而德军的攻势已大不如之前。于是保卢斯决定停止行动，调头袭击距兵工厂西北侧几公里远的奥尔洛夫卡（Orlovka）突出部。德军采用钳形战术用10天攻克了奥尔洛夫卡，并肃清了驻扎在此的敌军。随着德军的推进，保卢斯为最后的进攻获取了更靠前的阵地和军事基地。的确，剩下的战事应该相对比较轻松了。然而，这些已被德军夺取的阵地真是烫手洋芋，苏军凭借被战火烧焦的建筑物进行猛烈反击。尤其是德军无法完全控制伏尔加河的航运，所以苏军的增援部队源源不断地被送进城来。从10月1日至7日期间，保卢斯命令步兵部队不断对城内的军工厂进行摧毁，但只取得零星胜利，未能击溃苏军。德军

① 兵力为5000人的第71步兵师仅仅在9月13日至19日就损失了1400人。塞缪尔·刘易斯（Samuel J. Lewis）:《斯大林格勒战役》，战争研究所，堪萨斯莱文沃思，2002年，www.globalsecurity.org，巷战：历史事例集。

此阶段的战斗兵员伤亡严重，而且武器弹药消耗巨大[1]，保卢斯不得不暂时叫停进攻，转入防御。

从 10 月 12 日开始进入斯大林格勒战役的第三阶段，也是最后一个阶段，一直持续到 11 月 13 日。保卢斯制定的目标是再次努力夺取城北的所有工业区。B 集团军群参谋部为其调配以下部队进行协助：第 51 装甲军和第 14 装甲师，冯·里希特霍芬的第 8 航空军。

11 月 14 日的战斗由有备而战的炮兵部队发起，德军总计出动一千余架次战机。斯大林格勒城内几乎所有的建筑物被德军摧毁、粉碎。与此同时，希特勒下达了一道决定第 6 集团军命运的命令——“第一号”作战命令，命令要求：“坚决守住已夺取的阵地。”[2]除了斯大林格勒和高加索地区外，其他一切进攻性行动全部暂停；希特勒决心取得这场战役的胜利，并使其明确化。噩梦般的工厂争夺战，其惨烈程度完全超乎人类想象。10 月 14 日夜，德军终于夺取了拖拉机厂。第 6 集团军占领了城内的伏尔加河，并把苏第 62 集团军从中切断，一分为二。在进行了三天的狂轰滥炸之后，保卢斯最终于 10 月 17 日夺取了革命工厂。此时的第 6 集团军也已是强弩之末，但还有最后一个目标需要完成：红色十月工厂。

对红色十月工厂发起的进攻于 10 月 23 日开始。德军经过五天的浴血奋战之后夺取了红色十月工厂，然而并未彻底打垮苏军。保卢斯告知 B 集团军群司令部：他的部队已筋疲力尽，元气大伤，完全无法继续作战。10 月底，德军占领了城内 90% 的土地后，再也无法发起任何进攻。而苏军却不断反攻，一寸土地一寸土地、一间房屋一间房屋地夺取失地，并肃清

---

① 仅仅 9 月份一个月的时间，第 6 集团军消耗掉 23 035 863 发子弹、575 828 枚反坦克炮弹、116 962 发炮弹、742 747 发迫击炮炮弹和 178 966 枚手榴弹。《第 6 集团军作战日记，1942 年 10 月 17 日》，文件编号：30155/33。引自于塞缪尔·刘易斯：《斯大林格勒战役三部曲》。

② 参见让·洛佩兹：《处于战争边缘的斯大林格勒》，巴黎，经济出版社，2008 年，第 231 页。

德军[1]。11月11日，冯·塞德里茨-库尔兹巴克（von Seydelitz-Kurbach）指挥第51军向苏军发起了总攻（“胡博特斯”行动），然而第二天突然停止了进攻。13日，塞德里茨再次努力发动进攻，然而却得不偿失。11月19日，雷雨交加。苏军发起“天王星”行动，对德第6集团军相对薄弱的侧翼发起袭击。

保卢斯的梗概是从1942年10月开始写起的。他除了述说1942年9月和10月间巷战的惨烈外，并未提及其他。相反，他一再强调第6集团军侧翼的薄弱，把叙述的重点放在1942年11月19日苏军发起的“天王星”行动上。我们可以看出，第6集团军薄弱的侧翼是一直萦绕在保卢斯脑际挥之不去的阴影，而苏军发起的反攻让保卢斯深感震惊。保卢斯是在二战刚刚结束后的1945年7月份写了这篇文章，他在这篇文章里写道，他曾不停地向德军最高统帅部发出警告，然而却没有人理会。

对第6集团军在斯大林格勒作战时的深刻思考[2]（第一阶段）

以下内容全部是通过我的回忆写出来的，因此可能会出现一些遗漏，乃至不准确而产生的谬误。

我尽可能把我的个人观点同接到的命令以及事后别人的评价区分开来。

我建议撰写的这份报告，是在对我自己准确定位的基础上呈

① 11月初，朱可夫和克雷洛夫向工厂附近的作战部队布置如下任务：扩大桥头堡，通过发起零星战斗，每天把敌军推后80米～100米，保证在11月6日晚上之前重新夺回红色十月工厂和革命工厂，并肃清那里的所有德军。参见大卫·格兰茨：《斯大林格勒大决战》，第819页。

② 这份文件的原稿正如大家所见，不是手写的，而是机器打印稿。

现了我自己的观点。随后把这份报告置于一个更广泛的背景下进行修订，这份报告同样可用于揭开这段战争史的真相，用来阐明这段战争史的发展方式。

1945 年 7 月 30 日

从苏军准备反攻到第 6 集团军彻底被困

1942 年 10 月中旬开始，我情报部门提供的情报信息显示，苏军在克莱特斯卡亚—绥拉菲莫维奇（Serafimovitch）一线的罗马尼亚第 3 集团军阵前大规模集结。

我们似乎可以把苏军的大规模集结解读为发动大规模进攻的前兆，苏军进攻的首选目标是把顿河大弯曲东部的德军一分为二，分而治之，以解除斯大林格勒的压力。这个观点是魏克斯的 B 集团军群情报部门在持续对苏军的动向观察之后提供的①。此外，我也多次向最高统帅部强调盟军（罗马尼亚和意大利军队）不堪一击②，然而全部没有得到最高统帅部的重视。

我于 10 月底着手采取预防措施，在我军左翼后方集结了一支主要由反坦克战车组成的混合部队（归第 11 军管辖）③。我严重怀

---

① 保卢斯派其总参谋长施密特前往通知陆军最高统帅部，苏军将围攻第 6 集团军了。施密特通过地图向陆军最高统帅部展示了苏军的意图：从南、北两边对第 6 集团军进行双重包围。参见让 · 洛佩兹：《处于战争边缘的斯大林格勒》，巴黎，经济出版社，2008 年，第 323 页。

② 保卢斯绕过最高统帅部，直接与罗马尼亚第 3 集团军总司令杜米特雷斯库联系，请他提醒罗马尼亚总参谋长向陆军最高统帅部争取更多的反坦克炮和火炮，以应付苏军的进攻。

③ 11 月 8 日，保卢斯命令第 8 军迅速在第 6 集团军和罗马尼亚第 3 集团军之间安置一个反坦克战车连、一个炮兵连和一个防空连，并以莱佩尔命名。同时，他把第 14 装甲师的参谋部迁至第 11 军的左翼。参见让 · 洛佩兹：《处于战争边缘的斯大林格勒》，巴黎，经济出版社，2008 年，第 328 页。

> 疑罗马尼亚第3集团军的作战能力。11月12日，第14装甲师也被调至该战区，同样归第11军管辖（但是我缺少反坦克狙击部队）。
>
> 尽管苏军大规模集结做进攻准备，尽管第6集团军一再汇报险情，但陆军最高统帅部仍然命令继续攻打斯大林格勒，而且拒绝让第4装甲军彻底换防罗马尼亚的第8集团军。

保卢斯的见解是正确的。各种迹象表明当时的情形已经非常危急了，陆军最高统帅部、B集团军群、A集团军群、第6集团军以及第4装甲集团军指挥部和参谋部都不断向德军最高统帅部发出警告，但是德军最高统帅部却对此不以为然，认为苏军不会在隆冬时节发动进攻。其实希特勒本人也意识到第6集团军左翼所面临的危机，但他仍希望集中优势兵力一鼓作气拿下斯大林格勒。另外，魏克斯在其备忘录中对保卢斯面临的形势做了详细分析，并呈送给希特勒。其实包括保卢斯在内的所有陆军将领也认为，一旦攻克斯大林格勒（预计在十来天后），第6集团军和第4装甲集团军自然可以腾出兵力驰援两翼。

为何所有人都如此执着呢？原因有二：首先，所有人都认为可以在几天内占领斯大林格勒。在这种情况下，完全没有必要担心侧翼的安危；其次，陆军军事情报局的所获情报信息有误。陆军参谋部东线外军科（FHO）科长莱因哈德·盖伦（Reinhard Gehlen）觉得苏联红军没有能力在1942年冬季发动大规模进攻，而且坚信，即使苏军发起进攻，也将是针对中央集团军群的，不会进攻南方集团军群。盖伦发现苏军在顿河大弯曲部集结后，以为苏军只是想发起一些零星进攻，以吸引德军在莫斯科一线的注意力。他同时认为苏军在勒热夫（Rjev）突出部发起的“火星”行动已经被德军发现。而保卢斯却强调，帝国空军已观察到苏军在顿河上大建桥梁。希特勒认为苏军有可能在两翼发动进攻，但觉得苏军不可能成功，因为苏德两国开战两年来，苏联损失了太多的兵力，而且每次都浪费了获胜的机会，这次肯定也不会例外。尽管B集团军群情报部门在报告中提醒魏克斯，然而魏克斯仍同希特勒持相同看法。这份报告简述如下：苏军试图通过双层包围圈合围第6集团军，并打算夺取罗斯托夫，从而把驻守在高加索地区的德军A集团军群一分为二。德军在11月份已经发现身处困境。然而在此危急时刻，希特勒却“不见了”。他离开其拉斯登堡（Rastenburg）狼堡，前往伯格霍夫的山间别墅休息，同时也是为了把视线从斯大林格勒转到北非战场和法国战场。11月7日至23日期间，希特勒同凯特尔和约德尔住在贝希特斯加登的别墅里，那儿却没有一个陆军最高统帅部的将领。11月8日，英国军队在北非登陆；11日，希特勒下令攻打法国南部；19日和20日两天，苏军发动“天王星”行动。希特勒最终被他自己的夏季攻势所震惊、所埋葬。

11月19日，苏联红军向第6集团军的左翼[①]发起了大规模的进攻[②]。20日，苏联第65集团军继续对德国第6集团军右翼的德国第11军施加压力。德军命令第14装甲军会同第16装甲师和第24装甲师（从前线抽调回来）迂回到第6集团军左翼后方进行抗击，并向西突破苏军的侧翼。

11月21日，苏联红军北边的进攻已经抵达卡拉奇地区，并占领了该地区西北边的高地；苏军南边的进攻向两个方向推进：西北

---

① 保卢斯不知道整个进攻一直持续到下午两点钟。就在那天晚上，希特勒决定派第14装甲师、第16装甲师和第24装甲师前往顿河地区驰援。要注意的是在陆军最高统帅部和保卢斯的第6集团军指挥部，在苏联大军压境的严峻形势下，没有任何人担心当前的处境。

② 苏联的“天王星”行动同时在西南地区、顿河地区和斯大林格勒展开。投入1 143 800兵力，894辆坦克，13 451门大炮和1 115架次飞机。参见大卫·格兰茨：《巨人的碰撞：苏联红军为什么能战胜希特勒？》，劳伦斯，堪萨斯大学出版社，1995年，第134页。

方和西南方（向科特尔尼科沃方向）。隶属于第4装甲集团军的第4军在苏军的压力下向第6集团军右翼反攻。至于第4装甲集团军的主力部队（主要由罗马尼亚军队构成），则快速向西南方向撤退[①]。

21日下午1点，第6集团军指挥部接令向高卢宾斯卡亚(Golubinskaja) 尼施讷-奇尔斯卡亚（Nischne-Tschirskaja）一线转移。下午，我向B集团军群司令部建议把整个第6集团军有序撤至顿河—奇尔一线。至于我们撤退的时机则必须要根据A集团军群的战况来决定。

本已疲惫不堪的我军右翼部队被调往科特尔尼科沃阻止敌军的进攻，同时争取与第4装甲集团军和隶属于A集团军群的驰援部队取得联系。

最高统帅部同意通过以下兵力从我军正前方和侧翼同时对北边的苏军进行反攻：

1. 逐步换防或撤退的第14装甲军和第6集团军的可支配部队；

2.B集团军群的所有预备役部队以及陆军部队所有可调配的预备役部队。

我把这些方案连同一份关于第6集团军后勤补给短缺的报告呈递给集团军群司令部。

集团军群司令部完全肯定了我们的提议[②]，并在晚上就我们的提议下达了一份命令：

---

① 苏军在南方的攻势有两个重心：苏第57集团军北上斯大林格勒，切断铁路线；苏第51集团军又一分为二：一部分在南部继续推进，另一部分则向北进攻卡拉奇方向，包围德第4装甲集团军。

② 正如历史学家曼弗雷德·克莱格（Manfred Kehrig）和让·洛佩兹指出，没有任何书面文献记载保卢斯的提议。克莱格进一步说明保卢斯有可能弄错了时间：他是11月23日向陆军司令部提出撤退要求的，而非21日。洛佩兹补充道：11月21日，B集团军群司令部认为可以在东边的第14装甲军和西边的第17军之间牵制住苏联的装甲部队。参见让·洛佩兹：《处于战争边缘的斯大林格勒》，第343页～344页。

根据陆军最高统帅部命令，第6集团军必须继续坚守斯大林格勒城内以及伏尔加河地区以待当前的局势变化。万一其侧翼防线被敌军突破，该集团军也必须勇于面对，并自行设法解除危机。集团军指挥部应该向东转移至卡拉奇地区。第4装甲集团军下属的第4军（由德军第3师和罗马尼亚第1师组成）转隶第6集团军管辖。我军的反攻计划正在制订中，即将下达下一道命令①。

11月22日，早晨7点左右，第4装甲集团军司令霍特随着后撤部队来到我军位于尼施纳-奇尔斯卡亚的指挥部。由于前线局势复杂，他也不能向我军提供准确的前线战况信息。

下午2点左右，我同我军总参谋长一同乘坐飞机再次来到位于古门拉克（Gumrak）的顿河集团军群指挥部（以前第295步兵师指挥部）。

我们一到达指挥部就得知当前整个战局如下：在第6集团军右翼，前来同我军在斯大林格勒城南会合的第4军[由埃尔温·雅内克（Erwin Jaenecke）大将指挥]正从兹木克（Zybenko）撤退其侧翼部队。

在中路，驻防伏尔加河畔以及斯大林格勒城北和科特鲁班（Kotluban）以南地区的第51军（由塞德里茨指挥）暂时没有受到苏军的攻击。位于第51军右翼的第8军[由冯·瓦尔特·海茨（von Walter Heitz）指挥]，由于其左翼部队（第76步兵师）抵抗不力，造成整个第8军不得不往顿河地区撤退。

---

① 这里的“反攻计划”由新成立的顿河集团军群负责制订，该集团军群由曼施坦因指挥。在此期间，曼施坦因认为第6集团军除了在斯大林格勒城内坚守阵地之外，别无选择。约德尔第一个向希特勒建议让第6集团军撤退，然而希特勒却拒绝了，因为他不愿意看到德军1942年夏季战役取得的胜利功亏一篑。

顿河西岸的情形正好相反，第11军[由斯特雷克尔(Strecker)指挥]参与了克莱特斯卡亚地区的几场苦战，并冒险向南部推进。

至于第14装甲军[由汉斯·胡贝(Hans Hube)指挥]，在燃料短缺和地形险要的情况下，从早上就开始攻打维尔特亚奇(Vertjatschi)和高卢宾斯卡亚之间顿河两岸的高地，

下午时分，来自西北、西南两边的苏军合力突破守备薄弱的第6集团军西南方防线，在马利诺夫斯卡(Marinovska)—卡拉奇地区会合[①]。初步估计其人数有一百多人。

各种迹象表明，第6集团军只能加紧实施21日向最高统帅部呈报的解决方案。

11月22日下午，我单独会见第51军军长塞德里茨。他非常赞成我下令撤退。我也把21日向最高统帅部呈报的解决方案告诉了他，并告知他我们下一步行动的方案。

自11月22日至23日晚上，我同时向集团军群指挥部和陆军最高统帅部发出新的警告通知，警告内容概括如下：

1. 由于没有树木遮挡，所以在西边和南边山区地带设立的袋形防线不适合建立在东边一望无际的大草原上。而且现在正值隆冬季节！

2. 从战术上讲，在斯大林格勒地区建立类似西边山区地形的袋形防线是值得怀疑的。因为即使是在西南方未加防御的地区，特别是卡拉奇西边，敌军数以百计的装甲部队现在正在那里集结。

① 在北部地区，苏军在11月22日这天的进攻非常关键。在夺取卡拉奇之后，苏军为了扩大胜利，苏联最高统帅部计划一个冬季攻势以延续胜利并扩大战果，代号为“土星”行动(“土星”行动旨在于12月16日向罗斯托夫地区发起闪电式突击行动，以钳形攻势攻击德军解围部队)。苏军的战果：歼灭或俘获高加索地区的五十多万德军以及保卢斯的27万德军。然而，由于苏军坚持“天王星”行动计划——必须夺取卡拉奇——因此也错失了许多良机。

3. 目前我所指挥的第6集团军已没有足够的兵力来封闭“袋口”，以获得空投补给的场所和机场[比如说皮托姆尼茨(Pitomnitz)]。

4. 我们当前拥有的陆路交通工具完全不能满足我军的后勤补给供应。根据目前的状况，似乎只能依靠空投补给。所以，只有后勤补给问题解决了，我军才能够正常投入战斗。

5. 所有参加会谈的军级将领（我将一一列出他们的名字）都赞同我的观点，并支持我下令向斯大林格勒西南边突围，然后在顿河—奇尔一线集结，建立新的防线。

我接下来对21日向最高统帅部呈报的解决方案进行了修订，请求最高统帅部尽快做出决定，并给予我足够的权力来实施撤退计划。

23日，陆军最高统帅部通过集团军群指挥部给出了答复，再三要求第6集团军以大局为重，坚守阵地，争取啃下斯大林格勒这个硬骨头。并强调，要不惜一切代价坚守这个“要塞”（原文如此表达的）。陆军最高统帅部建议由第4装甲集团军负责调派精英部队来为第6集团军解围，帮助第6集团军渡过临时的难关。解救行动于12月份开始。另外，由第4航空大队负责为被困的第6集团军提供足够的后勤补给[1]。

从11月23日起，第6集团军就已经被苏军包围了。在斯大林格勒城内的德军被苏军层层围困，德军不得不完全进入防御状态。

① 被围困对于德军来说并不是第一次。在1942年2月至5月的德米扬斯克(Demiansk)包围战中，德国空军部队曾成功地为10万被困德军提供后勤补给，最终大部分被困德军被解救。然而，在斯大林格勒战役中，第6集团军被解救的希望却破灭了。

从城内防御到第4装甲集团军解围失败

11月24日，第51军军长冯·塞德里茨将军再次通过一份备忘录告知我，他的部队无论是后勤补给还是战斗力都无法继续维持下去。因此他恳请我，作为第6集团军的总指挥官，必须为每一个德军士兵负责，应该违抗希特勒坚守的命令，放弃斯大林格勒和伏尔加一线的阵地，向西南方突围。

我立即带着这份备忘录，乘坐飞机前往集团军群司令部，会见刚刚替换魏克斯担任集团军群总司令的曼施坦因。我向他陈述了塞德里茨的想法，而塞德里茨的想法正是我已经多次向集团军群司令部汇报的内容。

同时，另外四位军级将官也完全同意我放弃斯大林格勒、带领部队突围的想法，但他们认为我最终不会违抗希特勒的命令。

对我来说，我确实不愿意违背集团军群和陆军最高统帅部的命令，所以我不能下决心命令部队突围撤退[①]。原因如下：

1. 陆军最高统帅部曾专门指出，拥有伏尔加河地区的阵地，是我们整个战略行动的基础。

2. 无线电完美地让我同集团军群和陆军最高统帅部联系起来。另外还有飞机持续不断地与我们保持着联系。因此，上级部门对我们第6集团军的局势了若指掌。另外，同我们一起被围困的情报部门时刻向最高统帅部汇报着我们的动向。集团军群隔三岔五向我军派驻第2和第3局的长官加以联络。陆军最高统帅部

① 第6集团军总参谋长施密特在谈到塞德里茨的建议时，号召军队兵变。保卢斯肯定不愿违抗元首的命令。不过他仍然给陆军最高统帅部发电报，询问是否能够带领部下向西南方向突围。

甚至专门急派一位联络官在一支传输部队的陪同下来到我军进行“指导”。

3. 最高统帅部承诺尽快派遣装甲部队、摩托化部队以及步兵部队协助我军突围。

4. 在离斯大林格勒不远的顿河奇尔一线，有我们的一个桥头堡，可以作为我们突围的出发基地。

当前所有的迹象表明，只要条件成熟，对我军的解救行动将在合适的机会发起。

11月25日，我们一大早收到来自陆军最高统帅部的命令：“自收到此命令之时起，在塞德里茨将军的指挥下，必须守住东边、北边以及科特鲁班突出部的阵地。集团军总司令的职责和指挥权不受该措施的任何影响。”

11月23日，保卢斯告知B集团军群司令部，他已经做好在25日夜至26日突围的准备。魏克斯认为这是能够解救被困德军的唯一办法，但他在没有得到希特勒许可前，不敢擅自做决定。于是保卢斯向希特勒发了一个消息，但是直到第二天晚上才得到回复。塞德里茨决定孤注一掷，违背最高统帅部的命令。23日晚，他让城北的3个师撤退，然而却缺少装备。于是他向保卢斯求助，而保卢斯此时已经获悉此事，但他既没向陆军最高统帅部汇报，也没有向希特勒汇报。此前，希特勒其实已经获得了相关消息，但这些消息不够完整。令人意想不到的是，希特勒决定把保卢斯手中掌握的斯大林格勒北部区域的指挥权交给塞德里茨。

塞德里茨的指挥所就在我的旁边。我亲手向他递交了电报编码的底本，同时告诉他下一步做什么。他在沉思了一会儿之后对我说道，他除了服从命令外，别无他法。

他作为一个听话的士兵，一直以来都毫不迟疑地执行我的命令和计划，他以前所做的一切不停地在我脑海里浮现。

我必须说明的是，当我收到这份命令后，塞德里茨的那份备忘录再也没有出现在集团军群司令部以及陆军最高统帅部。

曼施坦因就指挥权的分配问题和我进行了如下交流："第6集团军指挥权的重新分配是由陆军最高统帅部决定的，意味着对集团军指挥部门的绝对不信任。我认为陆军最高统帅部的决定是不现实的，而且我也已经向陆军最高统帅部提出了正式的抗议，并请求他们撤回此命令。"

集团军群的抗议没有起任何作用。我后来才知道，曼施坦因元帅所做的一切是为了确保我仍然是第6集团军唯一的负责人。陆军最高统帅部的这份命令造成第6集团军的指挥权含糊不清。

接下来的一段时期主要是用来做好斯大林格勒城内的防御工作，同时做好配合其他前来解救部队的突围准备工作。

在集团军群司令部和陆军最高统帅部，我仍坚持我的主张：一旦敌军的包围圈被打破，不应该让第6集团军在冬天继续坚守伏尔加河的阵地。而应该让第6集团军突围撤退，同第4装甲集团军在更加靠后的阵地上会合。集团军群答复道："我们同意第6集团军指挥部关于突围后撤的决定。但是陆军最高统帅部的命令随后才能下达，因此在新命令下达之前，必须严格执行原命令。"

补充说明：对第6集团军在斯大林格勒作战时的深刻思考（第一阶段）

苏军在1942年11月19日突围之前，我同上级部门的意见交流

我们的进程在顿河大弯曲部受挫之前，我就同集团军群司令部进行过激烈的争论，争论的主题是因为我军左翼被不断要求扩大防守距离，从而导致左翼防守的能力受到影响。同时，我建议先暂时减弱我军中路的攻势，分配一定的兵力来增强我军侧翼的防御能力。

盟军部队进入顿河地区作战，从一定程度上缓解了我军的压力。然而这只是表象。实际上，盟军的战斗力非常薄弱。驻防顿河地区的意大利军队所出现的一个小插曲就足以证明这个问题。8月底，苏军的一小股部队在绥拉菲莫维奇地区越过顿河往前推进了一小段距离，驻守在此的意大利的一个师的兵力就立即向南撤退了二十多公里①！

正在这个时候，我在军中偶遇了接替我担任陆军总参谋部参谋的君特·布鲁门特里特（Günther Blumentritt），我合情合理地请他把我对第6集团军侧翼薄弱的担心转告集团军群和陆军最高

---

① 随着向伏尔加河地区的推进，保卢斯发现其侧翼部队的战斗力被慢慢削弱了。8月20日，苏军对第6集团军左翼的意大利第35军和德国第17军发起反攻。战场上的意大利萨瓦（Savoia）兵团和诺瓦腊（Novara）兵团立即丢盔弃甲，未进行任何抵抗。而急派的两个德军师赶到后马上就阻止了苏军的攻势。苏军在顿河地区建立了两个桥头堡。这把“达摩克利斯之剑”（意指安逸祥和背后所存在的杀机和危险）迫使保卢斯不得不在此留下1个步兵师，1个歼击师和第22装甲师的部分装甲部队。

统帅部。我承认，这个建议已经超越了我担任第6集团军司令的职责。我之所以毫不迟疑地这样做，完全是为了集团军的利益，也是为了我作为将军的利益。

9月底，我派我军与陆军最高统帅部之间的联络官门泽尔(Menzel)前往陆军司令部，再次向陆军最高统帅部强调以下问题：1. 增强我军的进攻能力；2. 保证我军侧翼的安全；3. 提高并保证我军的后勤补给。

为保证攻打斯大林格勒不出现意外，我请求陆军最高统帅部至少应该为第6集团军增加3个师的兵力。

结果，第4装甲集团军、第14和第24装甲师以及第91步兵师划归我军管辖。然而我必须负责两个战场的作战任务：斯大林格勒和顿河地区。这样看来，我其实只接受了一个师的兵力，而且第91师由于过度损耗，我于是决定解散该师，把该师剩余的兵力分配至其他部队中去。

10月的后半个月，我一再请求最高统帅部批准我停止进攻斯大林格勒。最高统帅部倘若能答应我的请求，我就可以把第14军从前线撤回，并把两个装甲师和一个摩托化师撤至后方，对现有的装甲车、坦克以及其他交通运输工具进行维护和保养。

尽管苏军一直在为大规模进攻做准备，但是我的建议仍然得不到重视。而且，最高统帅部依旧命我继续攻打斯大林格勒，并派来几个工兵营协助我军作战。

实际上，这些工兵营全部由新征的年轻人和组织混乱的军人组成，几乎没有任何战斗力。

我从战术层面提出的请求、抗议以及解释都显得苍白无力，在德军高层看来，只要给我军一点儿微不足道的补偿就够了。

最开始，苏德两方在斯大林格勒城内的巷战基本上势均力敌。双方在战斗中，苏军再次展示了自己非凡的防守实力，并且充分利用配合默契的小股部队展开地下斗争和埋伏战，同时大量使用狙击手。有悖常识的是，斯大林在斯大林格勒部署了大量的精英部队[①]。面对苏军的战术，德军一如既往地集中火力，充分利用其坦克部队和空军部队的优势来应对。然而，在这个残垣断壁的城内，德军的优势荡然无存。第6集团军损失惨重，士兵疲惫不堪，士气异常低落。11月1日，第4航空大队总司令里希特霍芬突然到访第6集团军指挥部，并告知保卢斯，他对第6集团军的表现极为不满。当天晚上，他请德国空军总参谋长耶顺内克迅速派遣几个工兵营前往斯大林格勒驰援城内德军。里希特霍芬之所以提出派遣工兵营的请求，是因为他发现工兵营在10月14日和15日夺取拖拉机厂的战斗中表现非常出色。陆军最高统帅部也立即下令，让第6集团军重整旗鼓，积极作战。同时把该命令汇报给希特勒，得到了后者的赞许。

保卢斯用“毫无战斗力”来描述工兵营是大错特错的[②]。实际上，工兵营和突击队都是德军的精英部队，这些部队擅长在敌人后方实施破坏、对战场进行清理、夺取要塞等任务。在斯大林格勒城内巷战时，几乎每个建筑物都有可能是一个要塞，工兵营和突击队的作用就显而易见了。另外，工兵营的装备非常齐全（炸药、火焰喷射器、机枪、地雷等）。然而，尽管他们能力超群、装备先进，但是其屡次行动一直没有获得预期的战果，特别是在“赫伯土斯”（Hubertus）行动中。所以他们总是不被步兵部队看好。正如让·洛佩兹所说：“第6集团军还存在另一个问题：

---

① 空降兵、苏联内务部内卫特种部队、西伯利亚部队，等等。

② 10月底，保卢斯依照命令使用装甲部队进行作战，但是陆军最高统帅部和集团军群竟然没有派遣后续部队增援。

其步兵部队没有风度[①]。”

11月中旬左右，我们收到一份希特勒发来的电报，内容如下：

“第6集团军久经考验的指挥官、各级将领以及英勇的战斗部队，我期望你们在斯大林格勒城内先占领伏尔加河两岸，因为这对我们能否组织好下一步防御工作至关重要。”

第6集团军指挥部执行该命令的前提是，让刚刚前来补员的两个工兵营组成突击队投入到巷战中。我们可以看出希特勒的电报中只字未提我军侧翼存在的危险。

最高统帅部想方设法在做这些徒劳的交易时，越来越多的明确迹象表明，苏军准备向克莱特斯卡亚地区的我军左翼罗马尼亚军队发起进攻，抵达意大利军队的前线。

我们分别从第14装甲军、第8和第11军获得了这方面的相关情报。

然而，我让联络官向集团军群司令部和陆军最高统帅部提交的报告却没有得到任何回复。

一直到11月中旬，即正好在苏军发起“天王星”行动的前几天，第4航空大队才开始确认第6集团军提供的信息。

就在此时，新上任的陆军总参谋长蔡茨勒签署了一份命令，该命令的大致内容如下：“苏联已没有能投入战斗的预备役部队，因此他们不可能再发起任何大规模的进攻，但是仍有必要对敌人所有军事行动目的加以考虑。”

---

① 参见让·洛佩兹：《处于战争边缘的斯大林格勒》，巴黎，经济出版社，2008年，第267页。

历史颇具讽刺意义：德军在斯大林格勒竟然犯了苏军在1942年春季所犯的相同错误。由于苏军在斯大林格勒战役中采用掩人耳目的战术，所以才占据了该战的主动权：部署假的坦克兵团混淆和迷惑德军[①]。11月初，德军陆军参谋部东线外军科的间谍在莫斯科附近得到消息称，苏军将在顿河地区发动攻势，但此次攻势更有可能是针对中央集团军群[②]。盖伦从根本上以为苏军肯定不会在顿河地区发起进攻。德国反间谍机构阿勃韦尔（Abwehr）曾指出苏军将通过攻打顿河地区来动摇保卢斯的第6集团军，然而却被反对的声音给淹没了，都认为阿勃韦尔的消息是谣言、臆想、假消息。就像保卢斯所说，蔡茨勒认为苏联无论从智慧上还是从技术上，都没有能力再计划、组织并发起大规模的军事行动。在蔡茨勒看来，苏联大规模进攻的准备工作仅仅是"空穴来风"[③]。苏军这种对军队进行伪装的战术完全是德军没有想到的。莫斯科从9月13日开始一直到11月19日实施"天王星"行动[④]，在制订和实施反攻斯大林格勒计划方面都成功地欺骗了柏林！

我们能够从对手的评价和现实之间的矛盾中得出什么结论呢？

倘若最高统帅部不要为把其梦想变为现实而有意误导陆军部队就好了。同样，只要最高统帅部不下令让我们不惜一切代价进攻斯大林

---

① 军队伪装作为一种战术可以追溯到沙皇统治时期，20世纪20年代再次被红军用于战场。参见大卫·格兰茨：《二战时苏军的军事伪装》，伦敦，弗兰克卡斯出版有限公司，1989年，第1页～21页。

② 参见莱因哈德·盖伦：《盖伦机关》，巴黎，费耶德城市出版社，1972年，第61页。

③ 参见曼弗雷德·克莱格：《斯大林格勒：战争档案解析》，斯图加特，德意志印书馆，1974年，第91页。

④ 除了朱可夫的参谋长华西列夫斯基将军自9月份已得知此计划外，其他所有的前线指挥官都是到"天王星"行动启动前几天的11月初才知道这个计划。参见格兰茨：《二战时苏军的军事伪装》，伦敦，弗兰克卡斯出版有限公司，1989年，第108页。

格勒，并保证我们侧翼的安全，这场战役的结局就可能要改写了。

为什么是进攻斯大林格勒？为什么希特勒如此疯狂？保卢斯真的被这个问题和这个问题的答案困扰着。1942年9月初，当保卢斯的第6集团军和霍特的第4装甲集团军在斯大林格勒城西的沃罗诺沃（Voronovo）会师时，德军的既定目标就已经实现了：伏尔加河上的航运已被德军控制，城内工厂已被破坏（特别是8月23日的可怕空袭就造成了苏军4万人死亡），朱可夫的第62集团军已经投降。既然如此，斯大林格勒已经没有任何价值。另外，从那个时候起，保卢斯原计划等这个冬天过去之后再认真备战下一年的行动。然而希特勒并不听他的。在9月中旬，希特勒悲伤地结束了高加索地区的战事。从元首11月8日在慕尼黑贝格勃劳凯勒啤酒馆（Bürgerbräukeller）的演讲中人们就发现了他已达到了心理逆反的程度："我想从某个城市的某个地方抵达伏尔加河畔，这个城市的名字就是斯大林格勒。你们知道，我想拥有这个城市，因为我们很朴实……我们要拥有这个城市！仅仅剩下几个小角落还在苏联人手里了[①]。"

希特勒把其通过战争和元首的英雄主义建立的"魅力型权威"灌输给德国人民。德国人民也被这些胜利所迷惑，希特勒利用手中的权力来打造他的个人神话。成为军队的最高统帅，他让法国俯首称臣，让德军的铁蹄横扫苏联，并把帝国的边界一直推进至高加索地区。然而自1942年起，这个神话被打破了：战争被无限期地延长，因为苏联仍然矗立在那里。在斯大林格勒战役中，德国人已经筋疲力尽。希特勒是清楚的。但是只有取得了斯大林格勒战役的胜利，他才能给德国人民一个交代。他认为这个城

---

① 参见杰弗里·罗伯茨：《斯大林格勒的胜利》，伦敦，朗文出版社，2002年，第85页。另见让·洛佩兹：《处于战争边缘的斯大林格勒》，巴黎，经济出版社，2008年，第289页～290页。

市极为重要，只有拿下它，才能重新拾回所有的荣耀。

我无法完全依照上级部门的命令行事，只能在我的职权范围内制订反攻计划，但是以第6集团军当前的情况，我们只能在斯大林格勒城内抵挡苏军的进攻。我同样也抽调我军的某些部队（比如说第14装甲师）来增强我军侧翼，并把这些部队放在我军左翼后方。同时我准备彻底换掉第14装甲师，并请求空军部队前往轰炸敌军的出发阵地。总而言之，我和我的参谋部已经尽全力做了我们力所能及的工作。

同上级部门的协作以及斯大林格勒战役的冬季阶段

在我的报告中，我绝对提到了第6集团军和上级部门之间的协作问题。我这里进行以下补充解释：

第一，我于11月21日提出关于第6集团军在顿河地区紧急撤退的主张同B集团军群司令部的计划不谋而合。很明显，我不知道集团军群是通过何种方式、何种要求向陆军最高统帅部汇报此事的。我也不知道这两个部门下令让我们坚守顿河地区的阵地以及斯大林格勒的真实动机是什么，但是我敢肯定的是，所有上级部门的决定绝对受到了希特勒10月份下达的那份命令的影响，该命令的大致内容如下：“在没有得到我授权的情况下，任何集团军群以及集团军指挥部门不得擅自从自己的阵地上撤退[①]……”

① 希特勒在斯大林格勒战役中发布的不准撤退命令是直接参照1942年冬莫斯科战役时的“停止命令”，目的是稳定战线和士气，如果当初撤退，面对苏军的追击，可能全军覆没。

> 就这样的一个命令，不仅从行动计划上，而且还从用兵的战略战术上剥夺了陆军各级指挥部门的能动性。
>
> 第二，在曼施坦因元帅会同其参谋部门组建包括第4装甲集团军、第6集团军和罗马尼亚第3集团军在内的顿河集团军群时，他就赞成我的撤退决定。然而，曼施坦因元帅在希特勒那里汇报了我的决定，但是收效甚微。

曼施坦因的介入，反而使希特勒更加坚定地决定让第6集团军死守斯大林格勒。11月20日，希特勒下令专门为第6集团军筹建一道空中桥梁[①]，以替代目前由顿河集团军群提供的后勤补给。第二天，希特勒命令保卢斯不惜一切代价坚守斯大林格勒。两天后，由于陆军最高统帅部承诺将为顿河集团军群新增援兵，于是曼施坦因抵达B集团军群总司令部，为第6集团军争取可能的解救行动。然而，曼施坦因还未觉察到保卢斯已身处灾难性的险境。魏克斯也试图劝曼施坦因命令第6集团军向西南方向突围，以逃离苏军包围圈[②]。但曼施坦因拒绝了，因为他有了另一个打算：当务之急不再是解救第6集团军，而是集结部队应对敌军的“天王星”行动。随着他向陆军总参谋部陈述了他的计划后，保卢斯的命运也就随之注定了。魏克斯、里希特霍芬和蔡茨勒曾有意让保卢斯自己率部突围。11月27日，曼施坦因才获悉斯大林格勒城内第6集团军的真实处境——空军部队根本无法保证城内德军的后勤补给。于是他于28日就请求希特勒下令让第6集团军突围，希特勒直截了当地拒绝了他的请求。曼施坦因于12月初再次向希特勒提出相同的请求，仍被

---

① 苏军于11月23日彻底完成对第6集团军的包围。
② 第6集团军指望曼施坦因的顿河集团军群前来解救。

拒。事实上第6集团军放弃斯大林格勒，然后自己突围是没有任何问题的。曼施坦因从那时开始就一直期望希特勒能够改变自己的想法，让保卢斯率部突围。

第三，11月23日，我在增强斯大林格勒北边防御的同时，擅自命令部队向西南边突围。我在前文第一条已经提到过，这是我违反希特勒的命令做出的决定。11月25日，我即收到陆军最高统帅部的无线电报，上面用异常严厉的措辞要求对这次行动的始作俑者进行惩罚。

第四，与此同时，我收到了陆军最高统帅部发来的另一份奇怪的电报，我在前文中也提到过这份电报——让我的参谋长担任城北的防御总指挥。

考虑到最高统帅部对我的不信任以及第6集团军指挥权的奇怪分配，让我不得不把这两份电报的内容联系起来。

另外，我在此也不由自主地想到一件事：德国陆军人事局局长、希特勒的陆军副官鲁道夫·施蒙特于10月底造访第6集团军。实际是向我透露最近将对我委以他用①，而第6集团军总司令一职将由元首非常信任的塞德里茨将军担任。

① 保卢斯当时猜测，希特勒将任命他为陆军最高统帅部总参谋长。

附录 相关信函和资料

保卢斯发给陆军最高统帅部的无线电报

（1942 年 11 月 23 日，23：45）

我的元首！

自 11 月 22 日晚收到你们的电报至今，我们这里的局势变得更加紧急了。

德军的包围圈还未完全合拢，西边和西南边仍存在缺口。我们已经明确了进攻的计划。

我军的军需补给和燃料行将耗尽。大量的炮兵部队和反坦克部队严重缺少炮弹，急需为他们补给弹药装备。

在短暂的延迟之后，我军集中所有主力部队发起反攻，但是仍然不能击退自南边和西边向我军进攻的敌军。因此，我军必须从斯大林格勒撤退，并撤走斯大林格勒城北的所有部队。我军只能从西南方向突围，因为相对于北边和东边，敌军在这里的防守相对较弱。

毫无疑问的是，我军在此战损失了大量重要武器，但是我军保住了主力部队和部分武器。

我全权负责并慎重地同你们进行这次沟通，同时需要指出的是，第8军军长海茨将军、第11军军长斯特雷克尔将军、第14装甲军军长胡贝将军以及第4军军长雅内克将军全部支持我的意见。

为能够摆脱我军当前的困境，我再次请求你们给予我全部自由指挥权。

希特勒万岁！

保卢斯

1942年11月23日，保卢斯认为当前是把第6集团军从苏军包围圈中拯救出去的唯一机会。事实上，根据第6集团军当前糟糕的状态——武器损失严重、军需补给以及燃料短缺——保卢斯已没任何资本突围。另外，整个第6集团军分散在一座满目疮痍的城市，在残垣断壁之间战斗，所以全体官兵无论从身体上还是从心理上都处于崩溃的边缘。我们可以看出，由于空中补给跟不上，无法为其提供足以用于突围的燃料和军需用品[①]。保卢斯曾经想到在短时间内把所有的官兵和运载工具集中在一起，但是不太

① 戈林不相信可以有效地为保卢斯提供足够的后勤补给。他之所以声称能够履行其任务，其实只是想借此来为其挣得声名而已。苏联历史学家估计在整个斯大林格勒战役期间，有676架德军的容克阿姨运输机被击落，但是德军却声称只损失了266架。参见大卫·格兰茨：《巨人的碰撞：苏联红军为什么能战胜希特勒？》，劳伦斯，堪萨斯大学出版社，1995年，第136页。

可能。在任何情况下，保卢斯都不可能在11月23日甚至是这个月底率部突围。他唯一的一次机会是在12月初。如果希特勒在11月23日授权保卢斯突围，那么在苏联红军最高统帅部(Stavka)[①]部署的重围中，第6集团军能成功吗？答案绝对是否定的。保卢斯在11月23日向最统帅部发出请求几天后，他就知道第6集团军除了躲在城内防御，别无他法。不过，他和他的部下一样，仍抱着一线希望，那就是等到曼施坦因的到来。

保卢斯写给曼施坦因元帅的信

（1942年11月26日）

尊敬的元帅先生：

一、感谢您11月24的来电，并感谢您对我承诺的帮助。

二、我就我军当前的处境向您汇报如下：

第一，苏军在11月19日发起大规模进攻后，我军的两翼在两天内就门户洞开。苏军通过其装甲部队很快就攻克了大片地区，而我们自己的装甲部队（第14装甲军）越过顿河向西反攻，第14装甲军的精英部队很快与敌军正面交锋，而且取得了不错的战绩，然而燃料的不足，严重限制了我军的行动。与此同时，敌军已成功推进至我第11军后方，第11军全体官兵严格执行元首不撤退的命令，坚守在我军北边的阵地上。由于不可能从其他

① 特别是雅科夫列维奇·马利诺夫斯基的近卫(Yakovlevich Malinovski)第2集团军，当德军还没有发现其位置的时候，他们已经出现在战场上了。参见大卫·格兰茨，《巨人的碰撞：苏联红军为什么能战胜希特勒？》，劳伦斯，堪萨斯大学出版社，1995年，第134页和第346页。

阵地抽调兵力增援，只有把第11军的左翼往南撤，然后逐步在顿河西岸的桥头堡重新集结。

正当我们实施该计划时，元首发来一道命令，命令第14装甲军和我军整个左翼部队向多布林斯卡亚（Dobrinskaja）进攻。这个命令远远超出了我们对整个战局的控制，于是我不能服从。

第二，22日早晨，位于我军右侧、隶属于第4装甲集团军的第4军交由我指挥。其右翼部队正在向布斯诺夫卡（Businovka）撤退，所以我军南边和西南边全部门户洞开。倘若避免使我军在斯大林格勒城内腹背受敌，唯一的办法就是必须把城内和城北的军队撤至这两个方向堵上缺口。

凭借从斯大林格勒城内抽调的兵力以及前往增援的第4军，我军于22日晚上在马利诺夫斯卡（Marinovska）西边建立了一道防御网。然而，苏军于23日再次发起进攻，试图突破这道防线。结果仍然不明朗。24日下午，情报显示，马利诺夫斯卡附近出现了上百辆坦克组成的强大装甲部队。在我军几经确认后，这些敌军装甲部队确实存在。而在顿河和马利诺夫斯卡之间的阵地上，我军只有一支很弱的部队驻守。因此，苏军的装甲部队和摩托化部队可以轻而易举地攻克这里，直指我军顿河地区的桥头堡和佩斯科瓦特卡（Peskovatka）。

我已经有36个小时没有收到上级部门的任何命令和任何消息。我用了几个小时来考虑可能的解决办法：

1. 要么我严格执行元首的命令，在我军尾翼部队的协助下继续坚守东边和北边的阵地；

2. 要么采取唯一可行的办法——放弃斯大林格勒城北和城东的阵地，集中第6集团军所有的兵力向西南方突围。

3. 从此，我不仅是这场战役的主宰者，而且还是违反元首命令的罪人。

第三，在这样一个令人左右为难的境况下，我给元首发了一份电报，请他给予我足够自由的指挥权，以便我能够根据局势自行做决定。一旦元首同意了我的请求，我不会滥用职权，随意下令撤退的。

然而，我也不能保证我只在最后时刻才下令撤退，也不能保证我在未考虑成熟的情况下下达命令。我只希望他能够信任我。

直至现在，我都还没有收到元首的任何回复……

即使我们能够从西南边突围，但是形势对我们来说仍然非常危急……

在斯大林格勒城内，敌军施加的压力也越来越大。空中补给已经连续三天不能满足我们的基本需求（只有600吨，也就是说每天只有300架次运输机为我们空投补给）。

我担心后勤补给的问题几天后会给我们带来严重的危机。

我相信我军将能够坚持一段时间，但我们的战斗力却越来越弱。即使我们能成功获得后勤补给，但临时营地以及建筑木材和生火用柴的匮乏仍会对我们坚守斯大林格勒构成威胁。

由于我每天（这是可以理解的）都会提出一连串有关我军未来的问题，在此我感谢您能告知我你们的意图。我将采用一切措施来鼓舞我军的士气。

我另外补充一点，元帅先生，我从未怀疑你们解救第6集团军的决心……

元帅先生，我对您言听计从。

保卢斯

空军高层眼里的斯大林格勒包围战（第一阶段）

（节选自第4航空大队飞行日志和冯·里希特霍芬元帅的个人行军日志）

1942年11月20日。天气极为糟糕。

总体上说，苏军在顿河前线没有任何推进，他们的装甲部队从四面八方向我军阵地扑来。我们从斯大林格勒抽调部分兵力建立了一道防线。至于我军空军部队也是竭尽全力向顿河地区派遣战机掩护防空部队和陆军部队……我认为："只要能出现一阵短暂的好天气，我们空军就能歼灭这个地区的敌军……但是现在只能祈祷天气变得有利于我们出动战机前往拯救我们的地面部队……"

1942年11月21日。四周一片灰蒙蒙，我们的战机根本无法起飞……因此没有办法介入我军的防御行动。苏军今天早上攻克了卡拉奇的桥头堡，这可是为第6集团军运送补给的必经之路。我们无法帮助他们突围。我在说什么呢？！应该是我们无法协助他们进行防御[①]！第6集团军的左翼部队慢慢地向东边撤退，因为他们不相信还有能力重新夺回卡拉奇桥头堡。其实他们犹豫不决，踌躇不前，突围逃生的希望越来越渺茫，只能被动地被敌军围困在斯大林格勒和顿河之间"坐以待毙"[②]……苏军完全占领

---

① 让人震惊的是，卡拉奇桥头堡只有25个人防守。明知道这个桥头堡肯定是苏军觊觎的战略目标，但为什么却只有如此薄弱的防守呢？这仍然是一个谜。

② 引号是用来对原文进行强调的。

了卡拉奇地区顿河大弯曲部的机场，并夺取了停放在该机场的第2航空中队的斯图卡（Stukas），进行俯冲式轰炸，但黑茨斯克尔德（Hitzschold）中校指挥的歼击机分队成功逃离。

11月21日晚，第8航空军军长菲比希电话呼叫位于尼施纳-奇尔斯卡亚的第6集团军总参谋部，向他们报告卡拉奇地区的战况。第6集团军总参谋长施密特是这样回答的："我不认为卡拉奇的桥头堡马上会受到威胁。从高地上往下俯视，我们有丰富的经验和手段来保护这个地区。"很显然，第6集团军的指挥官打算突围。

菲比希问他如何看待第6集团军补给线被敌军切断的问题时，施密特将军回答道："呃！当然是空投喽！"然而，菲比希反驳道："通过空投为一个集团军进行补给是不现实的！绝对不现实！您也知道，我们没有足够的运输机！"我11月21日在记事簿上写道："第6集团军设想让空军部队向包围圈内空投补给。我想方设法说服他不可能，因为我们绝对没有那么多运输机来执行该任务。我为此事分别向空军、陆军以及集团军群司令部作了汇报说明。"我一整个晚上都在就此事向不同的部门打电话。

1942年11月22日。第6集团军总参谋部大清早就召开了一个会议，第4装甲集团军总司令霍特将军也参加会议。总参谋长施密特向第9高炮师师长皮克特（Pickert）征求意见，后者毫不犹豫地答道："必须向西南方突围。"但施密特并不同意他的意见："我们不能突围，因为我们严重缺少燃料。如果突围，就会重演拿破仑的悲剧。"皮克特请求我们空军部队给他空投160门20毫米口径的大炮，并配备足够的人员。不！集团军已经决定突围了。皮克特像菲比希那样反驳施密特："从未有哪个集团军完全依靠空投进行补给，而且还是在冬天。”然而，施密特什么都听不进去：“绝对不能突围！”很显然，包围圈内的德军即将要被“包饺子”了……

1942年11月23日。顿涅茨地区的天气稍稍放晴了。然而顿河地区的天气仍然很糟糕，我空军部队无法执行任何飞行任务。我们只能为第6集团军空投少许的补给。我这样分析当时的情形的：

大致说来，我们发现，苏军对轻而易举地打败两个罗马尼亚集团军感到很吃惊，现在正调集其所有主力部队前往斯大林格勒，准备消灭被围困的德军，进而夺取伏尔加河的航运控制权。然而苏联人的所有行动显得有些犹豫，其目的似乎是为了试探我们。可惜的是我们不能指望罗马尼亚6个军的兵力能够守住如此广阔的地区。

斯塔赫尔（Stahel）上校率领着一支东拼西凑、鱼龙混杂的混合部队前往顿河和顿涅茨地区驰援，在铁路沿线作战，争取控制顿河的航运。

我认为倘若斯塔赫尔的行动顺利，我们将为被困德军重新建立一条补给线。

1942年11月24日。顿河—斯大林格勒一线的天气有些许好转。我们所有的航空队都在努力对抗苏军陆军部队和飞行特遣队。他们成功地狙击了我军相当数量的坦克，当然苏军的损失也不小。由于我们未能成功阻止苏军歼击机——这也是我军在斯大林格勒地区亟待部署的机型——起飞，他们击毁了我军多架运输机，因此浪费了一部分后勤补给，而且还能轰炸离前线很近的我军机场。

我对地面的局势分析如下：“第6集团军完全不可能抵挡住苏军的攻势，而我们也不可能帮助他们增强战斗力。他们目前只能向西南边杀出一条血路突围，如果再继续犹豫下去，当他们战斗力越来越弱的时候，就没有能力再突围了……

“我曾就此同耶顺内克、魏克斯和蔡茨勒交换过意见，并向他们提出强烈要求。魏克斯和蔡茨勒同意我的看法，而耶顺内克像往常一样，仍然拒绝。元首似乎特别想让第6集团军守住伏尔加河，而且认为他们一定能坚守很久。我请蔡茨勒和耶顺内克以我的名义告诉元首：我的意见和他是截然相反的。”

1942年11月25日。我军的运输机全部出动为第6集团军运送补给。然而昨天损失了22架，今天又损失了9架，所以我们现在只剩下30架运输机了。我们每天只能运送7.5吨，完全不能满足日300吨的需求！我们在严重缺少运输机的情况下能够怎么办呢？……

第6集团军在斯大林格勒已经孤军奋战了一个半月了，而我们在这段时间里为其提供的补给却远远不够。由于受顿河桥头堡的限制，他们不能往北突破，因此现在只有东南边一条路可走了。我再次向耶顺内克和蔡茨勒汇报了这里的局势。第6集团军保存了足以给予敌人沉痛打击的实力（当然，失去了很多辎重！）。魏克斯也因为自己的意见屡遭最高统帅部拒绝而感到失望。我再次请求耶顺内克和蔡茨勒向希特勒转达我对第6集团军突围的支持。帝国元帅（戈林）有可能会支持我的意见，但是他现在正在巴黎。他想逃避什么呢？

他们向元首转达了我的想法。他听了之后仍然坚持他自己的决定，因为他认为只要我们放弃了斯大林格勒，就再也回不来了。在他看来，第6集团军完全可以守住斯大林格勒。我执意提出反对意见，但是命令就是命令，所有人最好服从命令。

可悲的是，没有一个高级将领能站出来帮我说句话，包括那些深受希特勒信任的军官。

然而，我们现在在战术地图上有什么呢？

只有一群领着优越薪水的幕僚！……

盟国眼里的斯大林格勒包围战（第一阶段）拉斯卡尔的覆灭[①]

斯泰福莱阿（Steflea）将军与豪费（Hauffe）将军的会谈

（1942 年 11 月 22 日，8：30 至 9：00）[②]

斯泰福莱阿将军宣布拉斯卡尔拒绝了敌军的诱降。目前正在安排空投补给的任务，于是他建议派第 62 师尽快前往救援。

豪费将军告诉斯泰福莱阿将军，两个师的先头部队将在当天抵达。并补充道，当前的形势确实非常严峻。从现在起应该支持并鼓励士兵前往一线作战，因为不仅关乎罗马尼亚及德国的军事荣誉，更重要的是关乎第 6 集团军、第 4 装甲集团军以及斯大林格勒的命运。现在的问题不是解救被困部队，而是命令德军和罗马尼亚军队必须积极执行下达的任务。豪费要求向罗马尼亚第 3 集团军、第 4 集团军以及罗马尼亚最高指挥部施加足够的压力，

---

① 罗马尼亚人把拉斯卡尔军团的覆灭归咎于德第 48 装甲军军长费迪南德·海姆（Ferdinand Heim）将军。为了给其盟友一个交代，希特勒罢黜了海姆。幸亏有凯特尔相助，他才免于刑罚。参见让·洛佩兹：《处于战争边缘的斯大林格勒》，巴黎，经济出版社，2008 年，第 352 页。

② 德军记载的关于罗马尼亚军队作战任务的档案资料。

让他们明白自己的使命，从而主导战局。豪费补充道，他已于两天前就向各级部门下达了这方面的命令。

上级部门担心自发性地撤退会引发大面积的恐慌，因此才正式下令禁止撤退。所有逃兵必须由手腕强硬的军官重新派往前线作战。豪费将军最后给出了总结性的建议：一切可调配的官兵将用于增援第 3 集团军。

斯泰福莱阿将军回复道，他已经下令在所有出现溃逃现象的部队进行调查，并成立了几支特遣队试图阻止士兵溃逃，这一切措施也将在奇尔一线的我军部队实施。顿涅茨地区总司令部的参谋官们已命令边防大队不惜一切代价逮捕逃兵。不过，这些逃跑者大部分都隶属于后勤部门管辖……

斯泰福莱阿转述了一道安东内斯库元帅的命令，命令要求罗马尼亚军队保持同德国军队的联系，并下令不惜一切代价坚守阵地。

豪费将军要求罗军要设法鼓舞拉斯卡尔部的士气。比如说以安东内斯库元帅的名义授予表现优秀的士兵勋章，也可以让安东内斯库元帅亲自到前线来住上几天。斯泰福莱阿是这样回答豪费将军的：根据元首给元帅的去信可以看出，不可能让元帅亲自去前线，不过可以让战争部长代替元帅前往一线战场……

安东内斯库元帅发给希特勒的电报

（1942 年 11 月 22 日）

致乔恩·格奥尔基（Jon Gheorghe）：

恳请您把这份电报呈送德军最高统帅部，并及时转给元首阿道夫·希特勒：

第一，我每天都会和罗马尼亚总参谋部联系，根据他们提供的情报显示，第3集团军当前的形势非常严峻，而且已经没有任何预备役部队进行补充了。

第二，我们知道18日已有4支德军部队前往我第3集团军增援。然而据我所知，这4支德军部队将在11月28日至30日期间才能投入战斗，也就意味着第3集团军仍将在当前严峻形势下继续抵抗6至8天。以我之见，他们绝对不可能支持这么久。

第三，拉斯卡尔将军麾下4个师的兵力全被敌军包围，尽管我们曾承诺为其提供足够的补给，但事实上他们已弹尽粮绝。根据B集团军群司令部下达的命令，他们本应该坚守在各自阵地上，然而此时他们却恳求我对其直接指挥。

第四，我拒绝以我个人名义干涉有相关部门下达的命令。

第五，鉴于驰援我第3集团军的4支德军部队需要很久才能投入战斗，因此我更倾向于由拉斯卡尔将军根据时局自行决定撤退与否。倘若让第3集团军会同罗马尼亚第1装甲师、德国第22装甲师以及各种兵种重组的部队共同在第22装甲师的阵地上进行抵抗，才有可能支撑到这4支新增部队投入战斗。

相反，倘若不能保证粮草和武器弹药的供应，拉斯卡尔的4个师极有可能在德军4支新增部队投入战斗前就被敌军彻底围歼。

第六，我之所以向您提出这些声明，是因为我肩负着我的国家政治责任。我也不希望我第3集团军全军覆没。我请求元首能够考虑我提出的诉求并做出决定。

安东内斯库 元帅

希特勒给安东内斯库的回电

（1942 年 11 月 23 日，10：00）

阁下：

当我在 11 月 22 日夜间获悉罗马尼亚第 1 装甲师与德国第 22 装甲师成功会师时，也就是在收到阁下您的来电前，我已经下令让拉斯卡尔部利用当前的处境背水一战，向南杀出一条生路，同我第 48 装甲军取得联系。我坚信，拉斯卡尔作为一名经验丰富的指挥官，肯定能够履行我的命令。第 6 集团军通过与罗马尼亚第 1 军取得联系后，会同从西边前来驰援的新增部队向敌军侧翼发起进攻，并纵深推进。自我军同苏联开战以来，罗马尼亚第 3 集团军面临的形势司空见惯。因此我深信杰出将领和出色部队的最后精彩一击。我特别感激您能够激起您部下的战斗激情，这里也特别提及拉斯卡尔将军积极抗战姿态。昨天，为认可拉斯卡尔将军为德国做出的杰出贡献，我决定授予他一个特殊称号——银橡叶骑士铁十字勋章。这是第一个获得此殊荣的盟国军官。

请阁下您接受我亲切的问候和最诚挚的祝愿。

阿道夫 · 希特勒

罗马尼亚总参谋部内的冲突

斯泰福莱阿将军与豪费将军的会谈

（1942年11月23日）[①]

11月23日晚，我照常和罗马尼亚总参谋长斯泰福莱阿将军进行了会谈。参加此次会谈的除了战争部长庞塔兹（Pantazi）外，还有罗马尼亚参谋部的几位高级军官，以及我军的佐勒（Zoeller）中校和巴尔奇（Bartsch）少校。

会谈在愉快的氛围中开始了。我先向他们读了安东内斯库元帅11月22日发给元首的电报，然后把元首的回电也读给他们听，并强调了元首对拉斯卡尔部做的决定。我认为，通过两位伟人之间的这两份电报可以看出两人联系紧密。我向获得银橡叶骑士铁十字勋章的拉斯卡尔将军表示祝贺。

在对罗马尼亚第3集团军和第4集团军的局势作短暂讨论后，我指出第3集团军目前似乎有些松懈。拉斯卡尔的部分师团仿佛已经和第48装甲军会合。我再次简短地强调了拉斯卡尔部杰出的防御。

斯泰福莱阿，这位与我和平相处了10个多月的罗马尼亚高级将领，打断了我，并以一种被激怒的语气告诉我，现在下令让拉斯卡尔部突围太晚了。他本人在11月21日就请求最高统帅部下达此命令，然而根据元首的命令，他的请求被拒绝了。尽管如此，他仍然于21日晚私自下令让拉斯卡尔依照他的建议做好突围的准备。22日，依然有突围的可能性。23日，形势发生了改变，已不可能突

① 德军记载的关于罗马尼亚军队作战任务的档案资料。

围了。拉斯卡尔将军很有可能在接到向南突围的命令之前就已经牺牲了。第二天，罗马尼亚战机在拉斯卡尔指挥部附近轻松降落，但只发现仍冒着浓烟的废墟以及四处散落的罗马尼亚士兵的遗体。由于突围的命令未及时传达至拉斯卡尔部，所以据战争委员会统计，这次逃出敌军包围圈的罗马尼亚军队只有120余名军官，140个副官以及2000余士兵。正是因为德军最高统帅部在下达命令时含糊其词，才造成罗马尼亚军队损失了4个师的兵力。

斯泰福莱阿将军几个月以来就第3集团军的处境无数次向德军各级部门（包括陆军最高统帅部、魏克斯和霍特将军以及德军作战部部长）发出警告并提出后撤请求，均无济于事。他提请上级部门注意罗马尼亚军队的防线过长，但也是徒劳的。实际上，苏军之所以能够成功突破德军防线，主要是因为罗马尼亚军队的防线太长了，每个营需要防御五六公里长的前线阵地。当时若把罗马尼亚第7师作为机动部队调遣，并把主要防御（HKL）的任务交给第3集团军，那么有可能避免拉斯卡尔部全军覆没。同时，斯泰福莱阿将军把第4装甲集团军发出的同样警报诉求传达给了上级部门。结果是：第4装甲集团军3个师的兵力现在只剩下3个营，且武器装备尽失。作为第4装甲集团军司令的霍特，也曾多次向上级部门发出过警告。

随后，斯泰福莱阿将军的话题回到了他屡次提倡的防御计划上来：首先成立一些安全小分队，敌人一旦进攻，这些小分队立即撤退；其次再集中兵力对敌人发起反攻，彻底打垮敌军。

在他看来，罗马尼亚第4师本来可以在无须补给的情况下坚持四天，但由于他们为德军第22装甲师转让了一部分补给，因此在此战中损失了大量的运载工具，其中包括35辆坦克。

而此时，海姆指挥的第48装甲军完全联系不上，于是苏军通过虚假的无线电信息诱歼了一个罗马尼亚师。

拉斯卡尔的反坦克部队由于距离敌人太近（不到5米），反坦克炮不能发挥作用，因此未能重创苏军的坦克。

陆军最高统帅部不愿倾听罗马尼亚军队的任何诉求，这是导致罗马尼亚两个集团军被歼灭的主要原因。

我仔细聆听斯泰福莱阿将军的苦诉，没有打断他，然后我静静地回答道：

我会把您的诉求记录下来，并转达给陆军最高统帅部。

如果拉斯卡尔将军真的被敌军杀害了，我们可以说，这位肩负着关键任务的优秀指挥官，带领着他英勇的部队在光荣的战场上为我们伟大的事业奉献了宝贵的生命。作为第一个获得银橡叶骑士铁十字勋章的盟军战友，我们所有的德军官兵将以兄弟部队的情谊对他保持一份感恩的回忆。

罗马尼亚装甲师以及拉斯卡尔部在此次防御行动中进行了英勇顽强的抵抗。只有历史会告诉人们，罗马尼亚其他部队是否也是这样做的。

我为我军在面临险境时不敢勇往直前的表现表示深深的歉意。斯泰福莱阿将军表示，他对于到底是谁该为此悲剧的发生负责任不感兴趣，他只是因为他自己所做的努力不被人重视而宣泄了一下儿怨气。

我再次强调，各个梯队的德军无论在什么情况下，都将不遗余力地对罗马尼亚军队施以援手。同时，我也请他们注意，我已经把安东内斯库元帅以个人名义下达的命令进行了部署和传达，并重申，德国的使命不会变化。斯泰福莱阿将军除了保持沉默，其他什么都没有说。

最后，我为此次会谈做了总结，再次声明我们必将制止罗马尼亚军队后方的溃逃现象，这也正是斯泰福莱阿将军当前面临的迫切任务。

豪费

第六章　斯大林格勒包围战（第二阶段）：1942年12月12日至1943年2月2日　试图突围还是英勇就义

1942 年 11 月底，德军面临的主要敌人不是苏联红军，而是恶劣的天气。第 6 集团军正在一点点衰弱，被解救的希望也越来越渺茫。曼施坦因非常清楚这一点。因此他的作战计划特别简单：向斯大林格勒西南边 150 公里远的科特尔尼科沃猛烈进攻。但这意味着为保卢斯在斯大林格勒西南边打开了一条通道，他即可从城内跳出敌军的包围圈。然而希特勒却反复要求他："第 6 集团军能否坚守住伏尔加河地区，是 1943 年发动进攻的关键。"[①]解救？补给？坚守？突围？局势很复杂，因为希特勒没有发话，曼施坦因只能对其最终的行动任务保持沉默。

① 参见瓦尔特·戈利茨：《保卢斯与斯大林格勒》，巴黎，阿尔戴姆费耶德出版社，1961 年，第 260 页。

12月初，在请求增援后[①]，曼施坦因签发了“冬季风暴”行动作战命令。作战目标是由第57装甲军自南边的科特尔尼科沃向斯大林格勒发动进攻；同时在北边，由第48装甲军自奇尔地区的尼施纳-奇尔斯卡亚桥头堡向卡拉奇地区冲乱苏军的前线阵地，打开一条通往顿河地区的通道。

苏联方面于11月25日确定了“土星”行动的行动目标：彻底歼灭德顿河集团军群，并把德军A集团军群围困在高加索地区。这需要近100万兵力来实施该战略计划。11月30日，苏第5坦克军纵深推进至德军位于奇尔地区的防线。第11装甲军不惜一切代价应对苏第5坦克军的攻势。在第336步兵师的协助下，成功地把苏军挡在了顿河对岸。苏军第5坦克军连续5天遭到德军的猛烈反攻。尽管第5坦克军为了给苏军调遣预备役部队争取时间而在此与德军激烈对抗，但“土星”行动计划时间依然缩短了。特别是斯大林非常器重的第2近卫军将被派往斯大林格勒增援。不过苏军的行动确实让曼施坦因感到担心，于是他决定于12月12日实施“冬季风暴”行动，派遣第48装甲军前往驰援第11装甲师，以阻止苏第5坦克军的攻势。然而，斯大林格勒城内的局势却不断地恶化。

12月2日，苏军对城内的德第6集团军发起猛攻。保卢斯不得不利用仅有的一点儿燃料和炮弹进行抵抗。12月8日，华西列夫斯基再次下令进攻斯大林格勒。苏军用了3天时间突破了第6集团军的防御圈。在德第8航空军的掩护下以及第14装甲军的倾力相助下，苏军的进攻又一次被击

---

① 来自高加索地区的第23装甲师，法国的第6装甲师，中央集团军群的第11和第17装甲师，意大利第8集团军下属的62和第294步兵师；来自克里米亚地区的第306步兵师，第7、第8和第15航空师；第48装甲军的整个参谋部，第336步兵师以及第57装甲军的整个参谋部。

退，保卢斯才得以化险为夷。不过由于保卢斯已经耗尽仅有的武器弹药，所以苏军此时已占据绝对优势。

12 月 9 日，苏军最高统帅部把“土星”行动重新设计并改名为“小土星”行动，即从西南边包围前来为第 6 集团军解围的意大利第 8 集团军和霍利特（Hollidt）集团军级支队。华西列夫斯基同时在筹备“柯尔特索”行动，即进一步逼近斯大林格勒。为实现其计划，他向苏联最高统帅部请求增援，尤其是原准备用于“土星”行动的第 2 近卫军。

第 6 集团军被堵在斯大林格勒城内，而第 48 装甲军被苏军拖在奇尔和顿河之间，曼施坦因此时只有一个办法：派遣第 57 装甲军前往凯塞尔（Kessel）驰援。

保卢斯的叙说从 1942 年 12 月 12 日写起，也就是“冬季风暴”行动发起的那一天。他在叙说中对该行动的经过以及失败的原因一带而过。相反，他对第 6 集团军突围的可能性和必要性做了详述。保卢斯对这个问题的辩驳证明他对第 6 集团军最后的遭遇感到极为惭愧。没有接到撤退命令且缺少必要的情报信息，使保卢斯看不懂曼施坦因 1942 年 12 月的作战计划。

对第 6 集团军在斯大林格勒作战时的深刻思考（第二阶段）

1942 年 12 月 12 日，第 4 装甲集团军突破了苏军科特尔尼科沃以北的防线，向南边的斯大林格勒方向纵深推进了 50 公里，但其攻势已达到巅峰状态，逐渐呈衰弱态势。我再三请求与第 4 装甲军在伏尔加河会合，然而陆军最高统帅部却极力反对。

12 月底，陆军最高统帅部对我军的营救行动基本上以失败告终。与此同时，第 6 集团军的战斗力日益衰退，只能应付苏军小规模的进攻，原因是我军兵力损失越来越严重，在没有补充兵员的情况下，我们可用兵员越来越少。但最主要的原因还是由于燃料补给供应不足而影响了我军的战斗力。正是基于这个双层原因，我坚决要求集团军群和陆军最高统帅部为我们增加后勤补给。根据紧急程度，依次是燃料、食物和武器弹药。

同时，我重新命令我集团军所属军级指挥官做好突围的准备，要求每个步兵师与 6 个装甲师或摩托化师联合。鉴于我集团军拥有大量的摩托化部队，让不包括伤员在内的装甲师同摩托化部队结合，可以提高他们的机动性。我集团军目前仍拥有 200 多辆坦克。我目前只有一个条件：通过空投，为我军提供能够行进 80 公里的燃油。

集团军群的回复是，我集团军必须待在原地，不论任何原因，都必须守住伏尔加河的阵地。所有前来救援我集团的大规模进攻都被叫停。他们向我证实，已经采取了一系列的措施来解决我集团军的后勤补给问题（通过一个专业的航空运输队）。

1 月 1 日，我们通过无线电收得了希特勒的一条信息，内容大致如下：“英勇的第 6 集团军全体官兵在新的一年里，应该抱着无比坚定的信念守住伏尔加河。德国将调集一切可用资源对你们进行帮助和援救。”

12 月 12 日，第 57 装甲军从科特尔尼科沃开始行动，第 6 和第 23 装甲师先向正北方推进，然后改道向西北方的卡尔波夫卡（Karpovka）进攻，该城市目前掌控在第 6 集团军手上。然而苏军却未全力抵抗，因为斯大林和华西列夫斯基原以为德军的救援行动肯定会从奇尔和顿河之间的尼施纳-奇尔斯卡亚开始。面对德军的进攻，斯大林不得不紧急增派援军，以免局势失控，并防止苏第51集团军被霍特的装甲集团军击溃。12月13日，苏第2近卫军[①]被调往阿斯卡伊（Askaï）驰援第51集团军。斯大林深信，斯大林格勒城外的大量苏军对第6集团军猛烈进攻肯定会阻止住保卢斯突围。他希望通过“小土星”行动，对德军的两个机场发起进攻，迫使曼施坦因彻底放弃救援保卢斯的念头。最后，华西列夫斯基决定派第5坦克军攻打德军的尼施纳-奇尔斯卡亚桥头堡，通过迂回运动战的方式给德第57装甲军造成威胁，从而拖住它。

第6和第23装甲师取得了第一阶段的胜利，但是第57装甲军被12月20日赶来增援的苏第2近卫军阻挡在米乔夫卡河（Michovka）地区。在经历了8天的酣战后，“冬季风暴”行动在距斯大林格勒48公里远的地方以失败而告终。

保卢斯在其记事簿里记载道，他那时焦急地请求陆军最高统帅部给予他试图突围的权力。在了解第6集团军身处绝境后，曼施坦因应该做出决定了。陆军参谋部东线外军科从一个被俘获的苏军俘虏口中获悉：“小土星”行动的目标既不是占领顿河地区的通道，也不是围歼罗马尼亚第8集团军和霍利特的第17军。其真实目标是占领罗斯托夫地区，进而摧毁高加索地区的A集团军群。曼施坦因知道苏联人又重返最初的“土星”行动计划上去了。德军于是12月21日突然发起了“霹雳”行动。

不记得是12月18日还是19日[②]，曼施坦因派其情报官艾斯曼（Eismann）少校进入斯大林格勒城内。曼施坦因在其回忆录里记载道，应

---

① 第2近卫军当时是苏联红军中最强大的一支部队：拥有10万人、2000门大炮和200辆坦克。参见让·洛佩兹：《处于战争边缘的斯大林格勒》，巴黎，经济出版社，2008年，第391页。

② 参见伯努瓦·勒梅：《埃里希·冯·曼施坦因》，巴黎，佩兰出版社，2010年，第451页。让·洛佩兹：《处于战争边缘的斯大林格勒》，巴黎，经济出版社，2008年，第403页。

该通知保卢斯做好实施“霹雳”行动的准备，即率部向第4装甲集团方向突围。然而，艾斯曼在战后回忆道，他从未收到任何让保卢斯不惜一切代价突围的命令。曼施坦因后来还指责保卢斯，特别是保卢斯的参谋长施密特，太过于懦弱。

曼施坦因所有含糊不清的态度在这个关键时刻体现得淋漓尽致。他之所以拒绝第6集团军突围的请求，只是因为不愿得罪希特勒。他知道第6集团军当时的形势是悲剧性的，但他对保卢斯什么都没说。他可能认为保卢斯会以个人名义下令突围。让·洛佩兹和伯努瓦·勒梅给出了一个重要的因素来阐释曼施坦因的行为：他（曼施坦因）希望能够登上陆军最高统帅部总司令的宝座，因此他不愿因违反希特勒的命令而毁了他的前途[①]。尽管他仍然冒险命令第57装甲军前往救援保卢斯，但是他帮助第6集团军的愿望此刻荡然无存。

保卢斯到底应该从斯大林格勒突围吗？他在自己的记事簿里从两个矛盾的方面对这个问题进行了回答。他一方面不停地向陆军最高统帅部说明趁其车辆、坦克及大炮都还能用[②]，请求准许他们突围；而另一方面却不断向陆军最高统帅部抱怨第6集团军在人员和装备方面已处于非常糟糕的状态。保卢斯指出了一个决定第6集团军命运的关键因素：燃料和武器弹药严重不足。疾病、寒冷、营养不良以及无休止的战斗拖垮了第6集团军。另外，12月26日，保卢斯向曼施坦因指出，第6集团军如此衰弱，以至于不可能再为突围发起进攻了。

---

① 参见伯努瓦·勒梅，巴黎：佩兰出版社，2010年，第452页。让·洛佩兹，巴黎：经济出版社，2008年，第404页。

② 保卢斯声称他当时仍旧拥有二百余辆装甲车。实际上仅仅有六十余辆。

胡贝将军的任务

1月8日，苏联红军通过空投传单的方式向我们发出了最后通牒[①]。而此时我们在城内的所有防线尚且比较稳定。集团军司令部要求下属军级指挥部门，无论在任何情况下都不许投降。

胡贝将军为我们带来了陆军最高统帅部的详细解救计划——将在西边为我们打开一道突破口。他向我们证实，陆军最高统帅部已经从德国国内和其他前线调集了大量的摩托化部队和装甲部队前来救援。另外，由空军为我们提供的后勤补给将会在更广泛的补给基地上调配。现在在斯大林格勒面临的危机如同我们1941年冬在哈尔科夫战役中所经历的情形，必将以德军最终取得巨大胜利而告终[②]。

这场大规模的营救行动从1月份的后半个月开始，但此时仍在研究营救的可能性。不管怎么样，南边的防线已经建立，高加索地区的A集团军群所面临的危机已经彻底解除。这也是为何要求第6集团军在市区内加强防御，同时让他们做好往南突围准备的原因。然而决不能让苏军夺走斯大林格勒至科特尔尼科沃一线的铁路控制权。

第6集团军自此竭尽全力做防御性抵抗，力图建立一道新的防线，并为大规模突围做准备。

---

① 苏军同时让德国共产党人通过高音喇叭呼吁第6集团军缴械投降。

② 12月29日，希特勒命令德军最高统帅部派遣党卫装甲军（后来的党卫第2装甲军）参谋团前往苏联，该党卫装甲军SS是由“帝国”装甲师（SS-Panzer-Division Das Reich）、“骷髅”装甲师（SS-Panzer-Division Totenkopf）和“希特勒青年团”装甲师（SS-Panzer-Division Hitlerjugend）组成。这支党卫装甲军于1月15日被派往哈尔科夫附近协助解救第6集团军。

由于希特勒要求所有的行动计划必须绝对保密，因此我既不清楚顿河集团军群具体的作战计划，也不知道他们的作战方案。我更不知道到底有多少援军前来营救我们。直到1943年1月1日，我才知道A集团军群从南边北上大规模回援我军。

然而，胡贝将军给我们转述的东普鲁士解释和顿河集团军群给我的暗示全部都传给我一个感觉：死守斯大林格勒。否则，我绝对会率领第6集团军向南突围。

考虑到A集团军群在南边的防线有待进一步巩固，所以我相信，倘若我拥有足够的兵力，我将放弃斯大林格勒至迪乔瑞兹（Tichoretz）的铁路控制权，摆脱敌人6个集团军的包围。但如若我这样做，我担心会严重累及德军在东边新建立的防线以及高加索地区A集团军群的撤退。

另一个影响第6集团军未能成功突围的重要因素是德军对斯大林格勒城外局势情报的掌握基本为空白。当前的局势非常危急，保卢斯和施密特既不知道意大利第8集团军即将面临的灾难，也不了解顿河集团军群左翼的危急情形。所有关于“冬季风暴”行动的信息都是一片空白[①]。保卢斯后来得知，无论如何他也不可能突围，因为在德军最高统帅部眼里，他必须要紧急填充斯大林格勒这个“口袋”。苏军不断向第6集团军发起小规模进攻，不给他们任何喘息时间。即使曼施坦因给保卢斯和施密特下令，让他们12月19日突围，但施密特却回复道，他们必须要等到燃料到位并在22日重新集结部队之后才能执行命令，现在什么都做不了。因此，只能实

---

① 让·洛佩兹：《处于战争边缘的斯大林格勒》，巴黎，经济出版社，2008年，第416页。洛佩兹在书中指出，保卢斯已经通过德军最高统帅部获悉了隆美尔在北非的困境。

施最下策的计划——“霹雳”行动。保卢斯和施密特最终相信，正如被说服的那样，他们只能等待救援，而不可能试图突围了。

直到12月23日保卢斯才通过与曼施坦因的谈话了解到真正的局势①。即便如此，这位顿河集团军群总司令仍未下令让保卢斯突围，因为他不想因违反希特勒的命令而受到牵连。

12月24日，苏军命令第2近卫军和第51集团军向科特尔尼科沃地区的德军以及第57装甲军右翼的罗马尼亚部队发动进攻，彻底粉碎了德军营救第6集团军的计划。德军只有向南撤退，以免被敌军围歼，危险一步步逼近罗斯托夫地区。但德军目前最大的威胁来自于希特勒12月27日下达的一道命令：A集团军群从高加索地区大规模撤退。这道命令意味着德军“蓝色”方案彻底失败。通过放弃营救第6集团军，把苏军的主力部队牵制在斯大林格勒地区，从而减轻德军在罗斯托夫地区的压力。

城内的防御

1月10日，苏军发起总攻。1月10日至13日，我军西边的防线被压缩到罗索什卡河谷（Rossoschka）。1月15日，我们先丢了罗索什卡河谷的控制权，同一天，皮托尼克（Pitomnik）机场失陷，尔后整个斯大林格勒突围圈中，只有古门拉克一个飞机场可用。然而，空军部队却声称，通过这一个机场仍可以保证我军的后勤补给。1月17日，我军在城内的活动范围比以前缩小了一半。我可以说，直至这一天，尽管我军士气低落，但我们仍在有组织地实施防御。此时指挥部的通信彻底中断。

① 见本章后附录。

从那时开始，由于苏军不断使用攻心战，同时受当前局势影响并担心被苏军俘获，我军士兵和指挥官都或多或少存在心理问题。

1月20日，集团军指挥部下达一条不合时宜的命令：一方面呼吁士兵们用友情的感化来遏制逃兵，另一方面向所有官兵进行政治宣传，把苏联人描述成为杀人不眨眼的恶魔，如若投降，苏联人会把投降者冻死或饿死①。

在该命令下达初期，某些军级（第51装甲军和第14装甲军）指挥部门建议把部队分成几个较小的单位，分别向西边、南边和西南边突围，让尽可能多的不愿意被俘的官兵全力逃生。然而，由于该建议要求抛弃伤员，所以在再三权衡之后，我们认为不具备操作性，因此否定了该建议。

大概在1月19日，受病痛和饥寒的折磨，城内德军越来越虚弱，但他们仍聚集在一起，进行顽强抵抗。每天都有下属和幕僚向我汇报前线的紧急情况。我军饥寒交迫、缺吃少穿的情况一直持续了几个星期，我真的无以言表。1月20日，我认为我有责任尝试再次向最高统帅部请示最终的措施。我同时向集团军群和陆军最高统帅部做出如下请示：

鉴于我军目前在食品、燃料和武器弹药方面面临的灾难性局面，我军的战斗力急剧下降。有1.6万伤员不能得到医治。除了伏尔加地区，我们在其他地方既没有阵地，也没有隐蔽处和取暖

---

① 尽管条件异常艰苦，但是溃逃现象却很少见。许多基层军官和士兵仍认为希特勒会派部队前来营救他们。在11万战俘中，有1.7万人在第一个星期就死亡了，接下来几个月又有6.6万人死亡。直到春季到来，只有3.3万人幸存，其中有1.5万人在运往西伯利亚战俘集中营途中死亡，另1.2万人在集中营中死于过度劳累。1955年，仅剩下六千余人被遣返回国。但斯大林格勒战役只是一个特例。进入苏联作战的300万德军士兵中，有二百多万都顺利回国。而被德国俘获的500万苏联俘虏中，仅仅有不到一百万人回国。参见让·洛佩兹：《处于战争边缘的斯大林格勒》，巴黎，经济出版社，2008年，第430页。

的柴火。而且种种迹象表明我们被营救的可能性越来越渺茫。因此我再次请求得到我军全部的自由指挥权，请允许我根据形势以我自己的方式指挥我集团军，以免全军覆没。

这两封信件在附加了一些补充说明后，由联络官悄悄送出城外。

我之前也曾无数次向最高统帅部汇报我军所面临的日益恶化的形势，并就我军当前承受的苦难表达了我自己的看法。

陆军最高统帅部的回复是这样的："决不能投降！第6集团军在斯大林格勒已经尽到其英勇的责任。正是由于他们的顽强抵抗，才让德军在罗斯托夫地区重新建立了防线，而且为A集团军群从高加索地区撤退赢得了时间。"

不记得是1月21日还是22日，我在斯大林格勒城内接见了一位乘坐飞机前来了解情况的准将。他告诉我们，他的部队从北非调到罗斯托夫和顿河地区来营救我们。他向我们证实，由于他的部队装备的是新式飞机，因此可以保证每天300吨的补给供应。目前100架已经抵达，另外100架正在路上。唉！他的到来太晚了！第3天，我们最后的两个机场也被苏军占领了。

……接下来几天的战斗仅局限于在城内小范围抵抗。1月24日，西边的防线已经收缩到斯大林格勒城下，集团军司令部从古门拉克火车站撤至第71步兵师指挥部，该指挥部也是在1月23日下午才被安置在斯大林格勒城南的，因此这里成了敌军的主要攻击目标。

自1月24日起，城内的后勤补给全靠空投。陆军最高统帅部明确要求把集团军化整为零，即把包围圈中的德军分成几个较小的单位，每个作战单位由陆军最高统帅部或集团军群通过无线电直接指挥，英勇抵抗，直到最后一人为止。遵照该命令，我把城北的指挥权委托给斯特雷克尔将军；城内中部区域的指挥权交给海茨将军；我只负责城南的区域。

城北和城中的指挥权分别是1月26日和29日从集团军分离出去的。根据陆军最高统帅部的命令要求，他们彻底脱离我的指挥。1月31日，城中和城南（包括集团军参谋部在内）部分的战斗力彻底耗尽，被迫缴械投降。城北的抵抗一直持续到2月2日上午。

保卢斯在城西仍拥有不容忽视的力量：第29摩托化师、第76步兵师、第297步兵师以及第16装甲师。1月11日，他派第4军和第8军以及第14装甲军遏制敌人的进攻。但这些部队全部已是强弩之末。同一天，他给顿河集团军群发了一条信息："第6集团军在几天后将彻底失去战斗力……然后，停止抵抗是早晚的事情。"[①]保卢斯在1月13日做了最后一次努力：他派贝尔（Behr）上尉前往拜见希特勒商谈第6集团军投降事宜，然而希特勒未置可否[②]。蔡茨勒则开始筹备"迪特里希"计划，即预计在1943年2月营救第6集团军的行动[③]。

自1月14日起，苏联红军不断缩小包围圈，德军失守巴萨尔基诺（Basargino）机场。16日，苏军夺取了皮托尼克机场。第6集团军开始陷入恐慌。保卢斯下令尽快筹备"雄狮"行动计划：组建一些二百人左右的突击部队进行突围。保卢斯把该计划汇报给希特勒并等待答复，但是无果。因为希特勒相信通过空中桥梁为第6集团军提供的补给足以让他们支撑两个月，到那时就可以实施他预期的营救行动——"迪特里希"计划。

---

① 参见让·洛佩兹：《处于战争边缘的斯大林格勒》，巴黎，经济出版社，2008年，第425页。

② 戈培尔后来证实，希特勒当时确实对斯大林格勒的变故感到震惊。他在很长时间内闭门谢客，不再做出任何决定。直至曼施坦因在二三月份给了苏军一个猛烈还击后才慢慢恢复。

③ 参见让·洛佩兹：《处于战争边缘的斯大林格勒》，巴黎，经济出版社，2008年，第425页。

1月22日，苏军发起的新一轮进攻，并纵深突破包围圈西边和南边的防线，德军最后两个机场——古门拉克和斯大林格勒斯基机场——相继丢失。曼施坦因认为保卢斯此时的抵抗毫无意义（高加索地区的A集团军群已撤至罗斯托夫和塔门半岛地区的安全地带），因此劝希特勒批准第6集团军残部投降。希特勒的态度没有任何松动："第6集团军应在斯大林格勒尽到其英勇的责任，在德军历史上做出应有的历史贡献。"

1月26日，保卢斯把指挥部安置在一个商店的地下室。第6集团军被分为几个较小作战单位，只发生了局部战斗。29日，第14装甲军缴械投降了，但第71步兵师的残部仍在残垣断壁中顽抗。

1月31日，希特勒授予保卢斯德国陆军元帅节杖，以鼓励其继续抵抗下去。然而保卢斯此时身体状况极差，且不知如何是好。实际上，所有一切事务都是由施密特在负责处理。他派人给苏第64集团军军长送去消息，商量谈判事宜。随后保卢斯连同第6集团军整个参谋部全部被俘。

斯特雷克尔指挥的城北区域的德军一直抵抗到2月2日才投降。斯大林格勒战役因此也于当天结束。苏德之间没有签订任何投降协议。

补充说明：对第6集团军在斯大林格勒作战时的深刻思考（第二阶段）①

……在营救行动失败后，并在我屡次提出给予我指挥自由权并空投足量补给的要求下，曼施坦因元帅在1月初以个人名义给我回复了一封信。信件大致内容如下："我完全能够理解您意欲

① 参见本章后附录部分。

突围的迫切愿望。然而，您作为一名高级军官，视界应该比您的部下更加广阔。您的责任就是率领您的部下严格执行您接到的命令，这样您就不会为以后发生的突发状况承担责任了[①]……"

事实上，曼施坦因元帅一直以来都给予我行使陆军最高统帅部命令的高度自由，他的这种领导艺术对我影响颇深，这也为他成为一名杰出的战略家挣得了声誉。

与下属部门的协作

在包围圈内，我集团军下属的军级指挥部门与我之间保持着紧密的联系，有时候甚至那些师级指挥部门也与我保持直接联系。在我定期视察各级单位时，会同他们的指挥官进行会谈；有时候他们也会直接到我的指挥部来找我。我从来不举行全体会议，也不召开军事大会。

至于谈到是否违反集团军群和陆军最高统帅部的命令，从包围圈突围的问题时，海茨、胡贝、斯特雷克尔以及雅内克将军表达了他们长期以来的诉求——突围，而塞德里茨将军更是通过实际行动来表达他意欲突围的决心。

然而，面对苏联人 1 月 8 日提出的投降要求，没有任何一个下属做出出格举动来煽动我接受。直到 1 月 20 日左右，塞德里茨将军和普费弗（Pfeffer）将军（后者替代负伤的雅内克将军担任第 4 军军长）才下令停战；而海茨将军、斯特雷克尔将军和胡

① 通过这封信，曼施坦因免除了保卢斯所有的责任。也就是说，只有一个人该为此负责：希特勒。

贝自始至终都对敌军表现出极大敌意。而在此期间，我本人会同我的参谋长以及第2处和第3处的长官就停战的时机进行磋商，仅有第3处的长官坚决反对。最后，我就此会谈进行总结：在我做出决定前，我应该向最高统帅部请示，并向他们汇报我军在包围圈内的处境。据我记忆所及，当塞德里茨将军到指挥部来看我时，我给他看了一个刚刚制订的草案。通过这个草案，我向他表达了我的想法：德军在斯大林格勒城内的防御已经达到了人类忍耐的极限。然而我们接到上级部门的命令却是让第6集团军“发挥其历史作用”，从而拯救其他战线上的德军。

1月25日，当塞德里茨最后一次到位于扎里扎（Zariza）的指挥部看我时，关于停战的话题再次被提出来；1月27日，当我到城市监狱（其指挥部安置在此）走访施勒曼（Schlmer）将军和冯·丹尼尔斯（Daniels）时，我们也就停战问题进行了交谈。每次我都会强调，整体局势会迫使我们一直抵抗下去，我们不可能自愿地放下武器投降。

一个例子可以证明我军直到最后一刻仍就停战与否存在分歧：1月30日，第295步兵师上将奥托·科费斯博士（Dr. Otto Korfes）凭借反攻再次夺回了被苏军占领的一个兵营。

至于那些我在这里未提及的师级单位将领，也有很多都不赞成我们投降。不过我忘记了他们对于该问题的准确意见。

撤离包围圈

鉴于每个人都有天生的逃生欲望，因此对待逃跑的现象从一开始显得极为重要，并做出了严格规定。我集团军参谋部也相应地制定了严厉的规定，并进行了监督。

根据我集团军的规定，重伤员可以紧急撤离，其次才考虑其他伤员[①]，但必须让军医驻守机场逐个检查才能执行该规定。整个斯大林格勒战役期间，大约有4.2万伤员通过飞机撤离战场。

对于供军级和师级军官使用的军队班机，我集团军非一线的军官和文职人员也能使用，因为这个规定是由集团军指挥部门自行制定的。

我们自1943年1月份起对这些规定做了修订：非一线的军官和文职人员只有在前往陆军最高统帅部或是集团军群司令部再次任职时才能使用军队班机。在征求集团军群司令部的同意后，以下几个被歼灭或被解散的师级参谋部成员通过此方式撤离：第384步兵师参谋部，重新在奇尔地区成立；第94步兵师参谋部，很快被再次派往摩洛索夫斯卡亚地区；第79步兵师参谋部，以同一代码在罗斯托夫地区重新成立。

依照陆军最高统帅部的命令，以下人员可以通过飞机撤离：

1. 持高级军事教育结业证者；

2. 装甲部队的军官、副官以及军事专家[②]；

3. 陪同胡贝将军的维卢茨基（Wilutzki）中校以及斯大林格勒往来马里乌波尔（Marioupol）之间的后勤人员；

4. 负伤的雅内克将军、重伤员斯坦梅茨（Steinmetz）少将、集团军先锋官塞尔（Selle）上校。集团军运输官阿诺德（Arnold）上校在包围圈被封闭之前就已撤离，然而，由陆军最

① 许多士兵为了能够撤离战场，故意把身体暴露在衣服外冻伤。保卢斯于是下令禁止病情较轻的伤员撤离。

② 希特勒禁止军事专家撤离战场。

高统帅部任命的继任者竟然没有到岗，后来由万·胡温斯（Van Hoovens）上校接任。

各级指挥官的任命

一般情况下，集团军各级指挥部门认为，应该由他们从集团军人力资源部择优补充空缺职位。

只要符合集团军人事部门的任用命令，集团军各级指挥部门通过召开代表大会的方式，就可自行任命包括中将在内的所有军官。

部队的现状

苏军小规模的零星进攻已耗尽我军战斗力并使我军士气消沉。当苏军发起大规模进攻时，就对我军造成极大恐慌。在不同的防线上，局势的紧张程度各不相同。一般说来，那些坚守原有阵地的部队，他们的情况比较幸运（他们拥有食物储备）；而对于那些在顿河与伏尔加河之间的冰冷草原上不断进攻的部队，我们会发现他们的境况就比较糟糕：没有住所，没有锅灶，没有柴火，也没有水，连御寒的衣被都没有。

以第11军的情况为例，前期在顿河西岸作战时，部队的形势就已严重恶化。后来为夺回被苏军攻克的东岸，与苏军展开了非常艰苦的战斗，从某种程度上说，是极为血腥的战斗。

至于那些为夺取包围圈西南边阵地而孤军奋战的部队（一般情况下，这些部队是从师级单位分离出来后，被火速派往前线作战），他们往往面临着后勤补给极为短缺的窘境。

不管怎样，我军最初保持着良好的战斗精神，因为他们对上级指挥部门充满信心，抱着不久会被营救的希望进行作战。特别是第4装甲集团军于12月初参与解救行动后，这种期望更加强烈。在第4装甲集团军的营救行动失败后，陆军最高统帅部的承诺再次激起了求救的欲望。

1月10日开始，当苏军开始大规模进攻后，我军士气大为低落，被救的希望甚为渺茫。可以看出官兵们对敌人的进攻已麻木不仁，部队的战斗力基本上彻底瓦解了。越来越多的士兵感到疲惫不堪、筋疲力尽，于是躲在斯大林格勒城内的地下室里等待救援。一部分人认为继续抵抗已毫无意义，而仍有一部分人却主张死战到底。

除了下属部门给我送来消息外，我也通过对下级单位的作战环境和生活条件进行日常巡查来了解军队的状况。

在敌军刚完成对我军的彻底封锁不久，我军的食物配额[①]——尤其是面包——严重不足，直到1月中旬前，这种配额还能正常保证供应。在我们的最后一个机场失守后（1月24日），连这种配给数都不能保证，更不用说武器弹药的配给。斯大林格勒城内如此大数量的德军在各种必需品不能保证的情况下，只能被动地躲在地下室或防空洞里。

尽管集团军在食物配给方面有严格的规定，但仍有一些部队在士兵大衣里私藏食品。我们直到最后几天才发现这种现象，然而已经太晚了。

1月26日开始空投的补给根本满足不了我军需求。而且，在

---

① 1月9日，面包的配额是每人75克。但比较幸运的是，蔬菜的配额固定在24克，带骨马肉200克，油脂12克，食糖11克。参见曼弗雷德·克莱格：《斯大林格勒：战争档案解析》，斯图加特，德意志印书馆，1974年，第501页。

敌军干扰下，不可能有条不紊地搜寻和分配空投补给品，一大部分空投物资被敌军抢去。

鉴于后勤补给方面存在的困难，我于1月10日左右下达了一条命令，要求把所有的苏军战俘集中起来送往邻近的皮托尼克机场（第8军管辖范围内），然后再集中交还给苏军。由于西边防线被敌军攻破，因此我无暇全程监督该命令的执行情况。直到我被俘后才知道，下属部队并未执行此次战俘转移的任务，而是转移至半道后又返送回战俘营。

最让我头疼的是伤员护理问题。我前边已经提到有很多记录在案的伤员通过飞机撤离战场，但自1月24日起，伤员的撤离工作被中止了。野战医院里塞满了伤员，以至于新到的伤员无处安置。所有的地下室到处都是人，时时都有一队面色凄苦的病人和伤员在城外排队等待医治。药品和包扎材料的奇缺，是令这些病人和伤员无法接受的现实。

另一个让我们难以承受的问题是掩埋尸体。战争的最后一段时间，由于我们所有的壮丁都因缺吃少穿而精疲力竭，而且无法在结冰的地面上挖坑，所以后来几乎无法面对成堆的尸体处理问题。

我的军官和士兵们所遭受的苦难使我的良心深感不安。自从我卷入这场战斗后，倘若让我从军人的天职和人道主义原则两个方面做出选择，为了我的国家，我更倾向于选择前者。

附录　相关的资料

第6集团军呈递给陆军最高统帅部的报告

（1942年12月22日，7：00）

1. 12月18日领取配给的兵力：249 600人。其中：罗马尼亚人13 000人；临时工19 300人；伤员约6 000人。

2. 作战部队的下属单位：营团级参谋部人员；重型步兵武器的后勤人员；炮兵部队、反坦克部队、防空部队以及坦克部队人员等；不包含合编师的下属单位（工兵部队、炮兵部队、工程兵部队、架桥兵部队、重机枪营、机枪营以及空降兵营等）。空军部队、高射炮部队、罗马尼亚部队以及临时工也不含在内。

集团军参谋部要求各战斗部队上报作战兵力的准确信息将在几天内上报。

乍一看，我们估计作战兵力占领取配给兵力的60%～70%。

准确的信息之所以不能立即上报，主要是基于以下原因：一方面，很难把所有在一线作战的士兵每天都集中在一起进行统计；另一方面，无论在集团军参谋部，还是在下属的军级和师级参谋部，所有建档登记的兵力状况已被毁坏。这也是集团军为什么要求下属单位上报准确数据的原因。

3. 军需品现状

(1) 燃料：133方汽油和12方柴油。下属军级单位的燃料储备肯定微不足道。

(2) 食物：以下数据是在12月20日按照每个人既定配额的一半进行统计的：

面包	可支撑到	12月24日
脂肪物质	可支撑到	12月25日
中餐	可支撑到	12月26日
晚餐	可支撑到	12月26日
酒水饮料	可支撑到	12月27日
香烟	可支撑到	12月28日

部分中餐和晚餐中配给的肉食品不包含马肉。

(3) 武器弹药（按照原始库存的比例）：全凭记忆。集团军的军用物资放置场内的库存已经非常小了：3 000发轻型榴弹炮、900发重型榴弹炮以及600发100毫米口径炮弹。

(4) 卫生设施：部队的食品供应要么不足，要么令人感到可悲。自11月26日起，我们只能按照一半的份额进行分配；12月8日起，面包的配额将至每天200克。因此官兵们的身体状态每况愈下，整个部队的状态不再适合行军和战斗。从11月26日起，据医生记载，有56例病人因营养不足死亡。目前，我们有两千余名病人（包括第一段里提到的伤员在内）。

（5）空投补给：11月23日至12月18日期间，空军部队每天为我们空投85吨的军需品。这种状态一直到战争结束的最后几天才有所改善。12月19日至21日，空投军需品的数量达到每日225吨。

陆军最高统帅部发给曼施坦因元帅的电报

（1942年12月23日，13∶05）

根据顿河集团军群呈送的报告，元首做出如下决定：

必须不惜一切代价把摩洛索夫斯卡亚火车站以及摩洛索夫斯卡亚和塔赞斯卡亚（Tazinskaja）两个机场牢牢掌控在我军手上。

第11装甲师转隶你部指挥。为替换该装甲师，元首同意从你部第52装甲军中抽调部分兵力，同时第52装甲军必须守住顿河地区的桥头堡。其后续任务是肃清顿河东岸自阿克塞（Aksai）至奇尔一线的敌军。

顿河集团军群需要向我们汇报即将采取的措施。

通过火车运送至你部的虎式坦克将于23日越过边境线，抵达布雷斯特（Brest）火车站。

签名：蔡茨勒

顿河集团军群发给陆军最高统帅部的电报

(1942 年 12 月 23 日)

第 6 集团军所需军需补给:

1. 食品(即 500 克面包、90 克肉罐头、100 克蔬菜、90 克面食或谷类食物、50 克油脂、50 克糖、20 克香料和盐、15 克酒水饮料、25 克烟草,共计 940 克,加上包装,总重 1 130 克。以总兵力为 250 000 人的数量来统计,每天需要 282 吨。)

2. 马匹:军中只剩下 7 300 匹,另有 15 700 匹正在运输的路上。通过宰杀(也包含提前死亡的马匹),预计马肉足可以支撑到明年 1 月 15 日左右。这样可避免消耗肉食品的储备,并可把每日的补给份额减少至 255 吨。如若没有摩托化部队运输工具的协助,步兵师不可能移动作战,故至少需要保留 7 300 匹马匹用于驮运重型武器和大炮。也就是说每天需要保证 22 吨饲料的供应量(每天每匹马 3 公斤)。

3. 武器弹药:每天仅作防守态势(假设没有大范围进攻),每天就需要 100 吨。

4. 燃料:后勤补给运输以及坦克与反坦克炮的防御性消耗,每天需要 75 吨。

5. 每天通过运输机运送 550 吨的军需补给是保证第 6 集团军守住斯大林格勒城的必要条件。

曼施坦因元帅与保卢斯将军通过电传打印机进行的交谈

（1942年12月23日，17：40—18：20）

曼施坦因：保卢斯将军，晚上好。您昨天向陆军最高统帅部汇报，你们的汽油储存量只能前进20公里。蔡茨勒将军要求你们重新确认一下这个数字。对我来说，我也补充几句：敌军似乎意欲集结其主力部队袭击防守相对薄弱的范果尔（Fangohr）部，集团军群需从左翼部队抽调部分兵力实施增援，因此您需同他进一步商榷具体行动。另请您仔细研究一下儿，当您得到足够的军需补给后，是否依然能够发动“霹雳”行动。如果您现在不能回答我这个问题，您能否在21点前给我回个电话？最后要补充的是，根据集团军群左翼当前的处境来看，您要求每天提供550吨补给的问题很难解决。等待您的答复。

保卢斯：近日，敌军在我军南边、西南边的防线上增派重兵防守，根据截获的无线电信息显示，这道防线后边是敌军的坦克部队严阵以待，因此实施“霹雳”行动变得异常困难。而且，由于部队需要换防，并为各个战斗部队加注燃料，所以整个“霹雳”行动的准备周期至少需要6天的时间。鉴于此，我不知道我军是否仍能被成功解救。在这种情况下，我认为发起“霹雳”行动的时间宜早不宜迟。同时，大家必须要知道，如果霍特不把敌军引诱到他的旁边，那么实施“霹雳”行动仍将非常棘手。总而言之，我全力支持启动“霹雳”行动计划。诚盼您的回复。

曼施坦因：我今天还不能给您明确答复，我希望明天会做一个决定。关键问题是，在接下来几天能够为您提供的军需补给仍将不足，在此情况下，不知道您的军队是否有信心杀出一条通往霍特部的路。请回复。

保卢斯：在这种情况下，我们别无选择。请允许我问一个问题：您刚提到被抽调的部队将由基什内尔（Kirchner）指挥吗？

曼施坦因：是的，就在今天。假设当前每天的军需补给能够正常供应，那么在发起"霹雳"行动前，您至少还需要多少汽油和食品？

保卢斯：包括我军整个摩托化部队在内，需要1000方的燃料和500吨食品。关于我军目前的形势，我需要补充，我们最迟将于明天在西边和西南边发动进攻。

曼施坦因：我没什么要说了。

保卢斯：我也没有了。

舒尔茨（Schultz）将军发给施密特将军的圣诞文告①

（1942年12月24日，17：05—17：15）

舒尔茨：亲爱的施密特，我和元帅今晚特别想念第6集团军。不幸的是，我没有什么新鲜事和您分享。范果尔②部一直处于防守状态，似乎敌军又对他发起了新的进攻。奇尔地区的局势

---

① 通过电传打印机进行的交谈。

② 范果尔将军是第4装甲军的总参谋长。为了避免暴露第4装甲军，时常用其名字代替其所在的部队番号。

依旧。幸亏第11装甲师从摩洛索夫斯卡亚向西猛攻，敌军在此地区的推进才被迫停止了。我们现在也在等待陆军最高统帅部的决定。曼施坦因元帅已向我们汇报了你军正在筹备“霹雳”行动计划。我们在等待天气好转后，通过所有可用的……[①]向你们提供必需的燃料和其他军需补给。

施密特：如果塔赞斯卡亚机场被敌军占领，空投军需补给能够继续保证吗？

舒尔茨：我们已经修整了紧急着陆场地，因此空投能够继续保证。

施密特：你们相信范果尔会守住米什考瓦（Mischkowa）河吗？

舒尔茨：我们当然希望他能够守住。但是他将有可能缩小他的桥头堡范围。

施密特：你们从范果尔部抽调了一个装甲师驰援顿河以西地区了吗？

舒尔茨：是的，这样做为了保证摩洛索夫斯卡亚地区的防御不出现问题。但是，自明天早上开始，武装党卫军SS“维京师”（该师已全部摩托化）将陆续抵达斯萨尔斯克（Ssalsk）地区，不过现在正在从南边来的途中。另外，我们向集团军群请求紧急支援。没有什么再对您说了。元帅和我向你们致以最衷心的圣诞节问候。

① 原文看不清楚。

曼施坦因元帅发给陆军最高统帅部的电报

回复您12月24日的来电，17：30。

对您第一段的回复：第6集团军为实施突围已经准备了6天了。在此期间，我们需要为其提供1000吨汽油和500吨食品，但是这一切只能在晴天完成。没有任何人敢保证他们能够成功突围。假如不能继续为其提供军需补给的话，他们也只有突围这一条路可走了。在可能的情况下，如果我们想保证他们突围成功，我们就可以把第3装甲军分为两个装甲师，分别转隶霍特部和第11步兵（装甲）师，这样才能发起一场名副其实的装甲部队运动战。

对您第二段的回复：保卢斯如果收到他想要的燃料和食品，他就会发起进攻。6天的好天气足够他做好战争准备，并可集结完第3装甲军。部队和运输兵（尤其是师属炮兵）的状态决定了他（保卢斯）将率领参战的人数。不管怎样，大部分不能用于作战的拖挂车以及不能移动的重型武器将被原地丢弃。

对您第三段的回复：据第6集团军提供的信息，其战斗力已大幅降低，主要原因是后勤补给跟不上。尽管多数官兵士气尚存，但是已不可能杀出一条逃生通道。据我估计，他们最多只能支撑到月底。

对您第四段的回复：我认为，无论是第7装甲师还是武装党卫军SS“维京师”，都不能派遣至第6集团军右翼实施救援，因为他们必须坚守各自的防线：顿涅茨地区和顿涅茨—顿河—奇尔一线。归根结底还是由于第7装甲师抵达霍特部队太晚了。

对您第五段的回复：我不得不承认，我很担心我集团军群当前所面临的局势。我认为我应该得到我集团军群所有行动的自由指挥权，这样我就可以根据局势的演变调整我的战术。恳请你们从另一个角度考虑一下儿我所提及的所有问题……

冯·曼施坦因

空军高层眼里的斯大林格勒包围战（第二阶段）

（节选自第4航空大队飞行日志和冯·里希特霍芬元帅的个人行军日志）

第4航空大队飞行日志：

1942年12月12日。天气晴朗，能见度较高。霍特的第4装甲集团军于凌晨4点半发起进攻。在我航空支队的协助下，一切进展顺利。

里希特霍芬前往会见曼施坦因元帅，后者总在抱怨空军与其他部队之间合作不充分。他们一起分析了当前局势，曼施坦因对局势感到很沮丧。最终的意见是必须向陆军最高统帅部请求增援，并收回被分离出去的部队。里希特霍芬断然决定给雅内克打电话，并向他表明："我对最高统帅部即将彻底失去信任。"（原文如此）。

1942年12月13日。多云，风很大。里希特霍芬就第4装甲集团军的攻势写道：

第52装甲军在瑟米奇马亚（Semitschmaja）地区作战。由于敌军的猛烈反击，他们在此举步维艰……既没有一丝仓促后撤的迹象，也没有向斯大林格勒真正推进的举动！我军在这里仅仅是和敌军发生了小规模接触。装甲军指挥部门似乎没有意识到斯大林格勒城内局势的严峻性，仿佛只是象征性地履行其使命。

1942年12月14日。天气很糟糕，能见度低，小雨，不冷。飞机不可能起飞。只为斯大林格勒提供了很少的补给：80吨汽油。

1942年12月15日。大雾。无法为地面部队提供空中支持，向第6集团军提供了70吨军需品。苏军发起全方位进攻，我军被迫后退至阿克塞地区，我们（空军部队）却什么都不能做。在我看来，营救第6集团军的希望越来越渺茫。

里希特霍芬日志：

1942年12月16日。最高统帅部今天早上从我军调走了第27航空中队，晚上又抽调了第51航空中队，即把我们协助第4装甲集团军进攻的兵力削减了三分之一。可以肯定的是，我们先抵达阿克塞，与苏军的先头部队交战，然后抵达我军此刻正与敌军恶战的区域。明天将同更多的敌军作战。第6集团军能否被成功解救很值得怀疑：救援部队的兵力被抽调后，直接降低了作战效率，这明显是要抛弃第6集团军，让其自生自灭。我直接把我的想法说给雅内克听，并拒绝为此事承担任何责任。他什么也不愿听，只是对我讲一些大道理。他对我说道，除非意大利的事情能够彻底解决，否则解救第6集团军的可能性很小。估计他忘记我的观点了——坚决支持第6集团军从伏尔加河撤退，跳出敌军的包围圈——因此他斥责我不该一再向他强调顿河地区的防御较弱问题。与此同时，我认为我们在成功解救第6集团军前，不应该考虑帮助意大利的问题。我把我的想法告诉了曼施坦因，他也完全同意……

第4航空大队飞行日志：

1942年12月17日。很突然的霜冻天气。坦克不能行驶。里希特霍芬再次派出飞机执行任务，他却“一点儿都高兴不起来”“仍须努力尝试履行自己的职责”。

意大利传来噩耗。两个师的兵力紧急前往驰援。

1942年12月18日。收到一些关于第6集团军请求军需补给的电报。电报是发给第4航空大队的，然后由我们转发给德国空军最高指挥官。

晚上同曼施坦因做了长时间交谈，谈话的主题是第6集团军的撤退问题。我们要求的最低军需配额无法通过空投得到保障。我们也谈到了我军当前的困境，以及最高统帅部缺乏果断决策的问题。就在今晚，我们再次请示元首授权我们突围。曼施坦因元帅已经做好了接应我们突围的一切准备，现在只等元首回复……

1942年12月19日。顿河集团军群总司令曼施坦因元帅命令第6集团军向西南方突围。里希特霍芬记载道：

元首仍旧决定坚守斯大林格勒……我从曼施坦因和蔡茨勒那里获悉，在那次重要会议上，帝国元帅（戈林）向元首夸口说斯大林格勒的军需补给问题根本就没有那么严重！……真应该让他亲自到包围圈里看看那里的实际情况！因此，他们肯定没有看我的报告，或者是他们根本就不相信我的报告。我以前的处事方式和他们一样，但现在却被这些人玩弄于股掌之中。此刻，我们除了全力以赴外，还能怎么办呢①？！……

① 随着德国军事情势恶化，戈林的声望和希特勒对其的信任逐渐降低，他想抓住这次机会改善自己的形象。而希特勒并未上当受骗，只是给他了一个“帝国大元帅”的称号。

总结与结语

斯大林格勒战役的发展分三个阶段。

第一阶段。向伏尔加河畔推进。从第二次世界大战的整体情况来看，1942 年的夏季攻势取得了全面胜利。然而我们从 1942 年秋开始的后续进攻，却使已经到手的战果从手指缝里溜走了。

最高军事当局意识到迫切需要取得战略上的胜利。由于想扩大夏季攻势的战果，进一步取得更大胜利，从而在苏德战争中获得绝对主动权，所以才有了以下两个阶段的战事。

第二阶段。苏军 11 月份发起目标为包围德第 6 集团军和第 4 装甲集团军、共计 22 万人的"天王星"行动以来，无论德军最高统帅部做出何种承诺，我们都想明白一个问题："如何才能取得对苏战争的圆满胜利？"而现在，另一个问题出来了："如何才能避免在东线战场遭遇惨败？"

当上级部门（集团军群、陆军最高统帅部和德军最高统帅部）憧憬着这个不可实现的梦想时，我们第 6 集团军全体指挥官和士兵一直想弄明白这个问题。

由此可见，大家对所做的决定和采取的措施存在明显的分歧。

第三阶段。在营救行动失败和承诺的帮助食言后，我集团军所做的一切都是为在顿河地区建立新防线以及为高加索地区的 A

集团军群安全后撤争取时间而已。

上级部门从那时开始，也采用统一的命令口径：不惜一切代价坚守斯大林格勒，为其他战线减轻压力。

但对于我集团军来说，我们的处境却越来越困难：正如我所看到的整体局势，如果没有第6集团军在斯大林格勒城内顽强抵抗，德军在南边高加索地区肯定会遭遇惨败[①]。最后几天的电报内容主要是："(你们）争取的每分每秒都很珍贵。"而我们的右翼的邻军则问道："第6集团军还能坚持多久？"

在我们彻底被围而且营救行动失败后，每当我在下达命令时，总是感到左右为难。

一方面，上级部门自始至终命我坚守，而且承诺对我军实施援助和营救。而另一方面，当我的士兵身临如此困境中时，我的职责迫使我不会停止这场刻不容缓的战斗。尽管我对士兵们的命运感到同情，但是我仍会优先考虑遵守上级部门的命令。在我看来，第6集团军必须做出巨大牺牲，由此可以挽救其他战线上更多的生命。

根据德国1943年初面临的政治局势，我认为在斯大林格勒坚持抵抗到最后是符合德国人民利益的。

不管怎样，德军在东线战场的命运与我息息相关。在德国人民面前，我确实应该为这次失败承担责任，但人们却错误地把这场战争的失败全部归咎于我。

① 1942年1月17日，曼施坦因对埃哈德·米尔希（Erhard Milch）说道："第6集团军的毁灭让敌军93支部队摆脱了牵制，使我军顿河集团军群和A集团军群顿时陷入危机。"参见曼弗雷德·克莱格：《斯大林格勒：战争档案解析》，斯图加特，德意志印书馆，1974年，第527页（保卢斯持同样看法）

凭借“在敌人面前不屈服”的规定，德国人民会把哪些理由强制性扣在第6集团军总司令头上？单凭上级部门对如此危险，甚至绝望的局势作主观判断后，就一味地让身临一线的指挥官必须执行命令吗？在斯大林格勒战役这个特例中，没人会绝对地认为当时的情形是绝望的，也不会单方面地做出主观判断。

难道第6集团军的全体官兵全部战死、彻底战败或全军被俘后，才能宽恕他们吗？

现在，每个人都可以摸着他的良心坦率地提出他想问的问题。

在那时，无论是德军还是德国人民都不能理解或认可我为何投降。毫无疑问，我这样做，是一次纯粹的革命行动，是一个反对希特勒的真实举动。说来还是我本人通过自愿放弃斯大林格勒的阵地，以免元首公开责骂将领们不服从命令的行为。

我原打算制造一个新的传奇：斯大林格勒版的暗箭传奇[①]，为德国人民制造了一个假象，但是我们没有这样做。

有关我为了推翻国家社会主义制度而故意制造灾难的说法，我曾公开表示，我从未受此言论的任何影响，而且该言论也未对其他军官造成任何影响。

诸如此类的说法已从我的脑海里慢慢淡化，确切地说，我并没有受舆论影响。

---

① 如果不了解1918年德国右翼政客所鼓吹的“暗箭伤人”理论，我们很难弄明白保卢斯的这种心态。希特勒和许多其他军人在德国国内把斯大林格勒战役的失败归咎于保卢斯不听指挥，从而欺骗、蒙蔽德国人民。为稳住德军的军心，希特勒并不希望看到斯大林格勒战役的灾难性失败。然而，失败的前兆已经在1941年底的莫斯科战役中体现出来。保卢斯没有自杀的事实加剧了已经恶化的局势。所以，希特勒于2月1日对蔡茨勒说：“他缺乏骨气和贞洁。作为将军，他是个懦夫，所以才没自杀。”

至于我的下属是否应该承担相应责任的问题，我认为，就如同我在执行上级部门的命令时一样，他们只是出于军人的天职，在执行我下达的命令而已。

面对第6集团军的全体官兵，就像面对德国人民一样，我愿意一个人承担全部责任，包括造成灾难的责任以及执行最高统帅部下达的不惜一切代价抵抗命令的责任①。

德军前陆军元帅：弗里德里希·保卢斯

① 不知道保卢斯什么时候写的这些文章，但是斯大林格勒战役的失败挑战了希特勒的不败神话。第一次让部分人认为希特勒应该为战争失败负责，而且也是军官团企图在1943年3月刺杀希特勒的直接导火索。绝大多数民众仍然相信希特勒，但他们期望的是元首这个称呼。希特勒被这场惨败击倒了，很久没有露面，也没有发表讲话。于是，戈林于1月30日发表例行讲话，代为行使希特勒的权利。

后记　保卢斯是现实境遇中的人吗？

斯大林格勒战役的失败，标志着保卢斯元帅开启了他的新生活：牢狱生涯。

对于希特勒来说，这场战役的结果是灾难性的。他失去了最精锐的一支部队（270 000人），并取消了高加索地区所有的军事行动任务。从外交层面和政治层面来看，1942年的夏季攻势是一个彻头彻尾的败笔：面对强大的苏联红军，罗马尼亚、匈牙利、意大利和斯洛伐克不再对成功抱任何幻想。已经有盟国想退出轴心国协定了。无论在斯大林格勒还是在高加索地区，德国失去了所有的战线。

希特勒对德军在斯大林格勒战役的失败深感震惊，他从身体上和心理上都无法接受这个事实。实际上，他要取得成功几乎是不可能的，否则保卢斯就将会是德国军事史上最伟大的元帅了。

1942年7月23日，在希特勒签署第45号训令把其兵力一分为二后，德军的夏季攻势就注定会失败[①]。我们从保卢斯的记事簿中看出，德军存在的一系列问题严重影响了德军后期的军事行动进展（不断变换补给优先供应的对象、大型装甲部队的不必要转移、优柔寡断，等等）。保卢斯之所以在大草原上停止追击后撤的苏军，是由于第6装甲军没有足够的燃料供应。因此可以看出，该训令并不是导致斯大林格勒战役惨败的直接因素。另外，希特勒其实有很多次机会占领该城市。7月底，他仅留下第6集团军执行攻城任务，并毫无意义地把第4装甲集团军抽调至南部，只让第48装甲军在此协助攻城。倘若没有此次无谓调动，人们自然而然地可以想象，第6集团军和第4装甲集团军这两个大钳子是如何全力粉碎苏军大部队的。9月份，保卢斯向希特勒请求支援，用以协助完成占领整个斯大林格勒，而且援军也确实存在，但是希特勒却未把这些分散在保卢斯周围的援军加以利用。以第11装甲师[②]为例，该师此时先被调往中央集团军群，当苏军发起“小土星”行动时，又被调去填堵被苏军突破的漏洞。保卢斯利用其有限的兵力尽力完成他能完成的任务。不可否认的是，德军后来又不得不适应新的作战方式[③]——城市战——而第6集团军及其指挥官们所擅长的是野战。保卢斯之所以在斯大林格勒遭遇惨败，是因为苏联红军从两个方面完成了此次战斗：克雷洛夫和崔可夫指挥的城市战以及苏军对德军实施的双层包围。

从1943年1月31日被俘到1957年2月去世，保卢斯一直被一个问

① 直到这一天，还有人认为“蓝色”方案中配置的兵力太弱了，应该给苏联造成灾难性后果。其实希特勒有一个意外的机会来彻底摧毁苏联的石油命脉，但是他却没有抓住这次机会。

② 同样，第9装甲师和第11集团军被派往列宁格勒，特别是德军的精英师——大德意志装甲师被派往中央集团军群。

③ 里希特霍芬此处的记载与事实有悖：保卢斯的第6集团军在斯大林格勒战役中表现出了出色的战斗能力。

题折磨着：为什么没有违抗希特勒的命令从凯塞尔突围？这个问题同样是历史学家们自二战后至今一直在研究并想找到答案的问题。与保卢斯所记载有出入的地方是，保卢斯之所以没做其他选择而是待在包围圈里，是基于下面两个原因：首先是因为他不可能把这支士气低落的部队从包围圈撤退出来；其次是由于他一旦率部突围后，会开释苏军 9 个集团军的兵力，这 9 个集团军的兵力可以穿过奇尔向北攻打科特尔尼科沃，也可穿过阿斯卡伊向南进攻。所以，希特勒决定让第 6 集团军待在包围圈内是明智之举。希特勒所犯的大错是不该让保卢斯陷入这场毫无意义的城市战中去。从这个方面来讲，确实是希特勒应该为斯大林格勒战役的惨败负责。

瓦尔特·戈利茨在有关保卢斯和斯大林格勒战役的著作中指出，这场战役并非“德军的真正转折点”[①]。事实上，不管苏德双方的这场战役有多么激烈、多么血腥，也不管双方在此次战役中损失多么惨重，该战役都不是东线战争的战略转折点。相反，该战役是苏德两军士兵的心理转折点。在苏军看来，德军并非战无不胜攻无不克。苏联红军在这场艰巨而复杂的战役中凭借多兵种、多部门之间的密切配合战胜了德军。原本根植于苏军意识里那种自卑心理，在斯大林格勒的废墟和鲜血中化为乌有。

从这场可怕的冲突、惨烈的战斗以及骇人听闻的生活条件来看，保卢斯是现实境遇中的人吗？他，衣着考究、睿智、沉稳、审慎。在工作上极富远见，但在身体上却很脆弱，完全不适合在地狱般的斯大林格勒作

① 参见瓦尔特·戈利茨：《保卢斯与斯大林格勒》，巴黎，阿尔戴姆费耶德出版社，1961 年，第 304 页。

战，因此大家自然而然地会认为崔可夫是一位卓越的指挥官。确实，保卢斯似乎不适合指挥城市战，也不适合在那么恶劣的环境中指挥战斗。然而人们却很容易把第 6 集团军的失败和覆灭，从更广泛意义上说，把整个斯大林格勒战役的惨败同保卢斯联系起来。但是，应该公正地看待这个问题：首先，这个问题需要再次回到苏联红军的作用上来，因为苏军在这场战役中对德军进行殊死反抗，并出色地运用了进攻的策略；其次，这场灾难应该归因于攻城策略失误（不应该从正面攻城）、失败的情报战以及薄弱的空军支持。斯大林格勒并非“蓝色”方案中优先进攻的目标；在进城后，更不应该和苏军展开毫无意义的城市战。由此可见，只要保卢斯当时没有掉进苏军设计的这个陷阱，那么斯大林格勒战役的悲剧就不会发生。

参考文献

著作

克瑞里 · 巴内特:《希特勒的将军们》，纽约，格罗夫韦登菲尔德出版社，1989 年。

奥马尔 · 巴尔托夫:《希特勒的军队》，巴黎，阿歇特文献出版社，1999 年。

安东尼 · 比弗:《斯大林格勒：致命围困（1942 年 ~ 1943 年）》，伦敦，海盗出版社，1998 年。

保尔 · 卡莱尔:《斯大林格勒：德军第 6 集团军之败》，阿特兰，希弗出版社，1993 年。

瓦西里 · 崔可夫:《斯大林格勒战役》，纽约，霍尔特，莱因哈特和温斯顿出版社，1964 年。

克劳塞维茨:《战争论》，巴黎，柏姿海岸出版社，2006 年。

汉斯·杜尔:《斯大林格勒战役：一目了然的行动》，达姆施塔特，米特雷出版社，1955年。

约翰·埃里克森:《通往斯大林格勒之路：斯大林对德之战》，第1卷，纽约，哈珀与罗出版公司，1975年。

——《通往柏林的路》，第2卷，伦敦，卡塞尔出版社，1983年。

——《德意志帝国和第二次世界大战：入侵苏联》，第4卷，斯图加特，德意志印书馆，1983年。

——《世界大战》，第6卷，斯图加特，德意志印书馆，1990年。

——《东线》，第8卷，斯图加特，德意志印书馆，2007年。

莱因哈德·盖伦:《盖伦机关》，巴黎，费耶德城市出版社，1972年。

大卫·格兰茨:《斯大林格勒战役三部曲（第1卷）：苏德之战之斯大林格勒战役前夕（1942年4月～8月)》，劳伦斯，堪萨斯大学出版社，2009年。

——《斯大林格勒战役三部曲：决战斯大林格勒，1942年9月～11月》，第2卷，劳伦斯，堪萨斯大学出版社，2009年。

——《巨人重生：二战中的苏联红军（1942年～1943年)》，劳伦斯，堪萨斯大学出版社，1985年。

——《1942年的哈尔科夫：一场军事灾难性剖析》，伦敦，伊恩亚伦出版社，2010年。

——《脱轨的巴巴罗萨行动：斯摩棱斯克战役（1941年7月10日～9月10日)》，第1卷，索利赫尔，赫利昂出版社，2010年。

——《二战时苏军的军事伪装》，伦敦，弗兰克卡斯出版有限公司，1989年。

——《东线战役初期：1941年6月22日～8月》，伦敦，弗兰克卡斯出版有限责任公司，1993年。

大卫·格兰茨，乔纳森·豪斯:《巨人的碰撞：苏联红军为什么能战胜希特勒？》，劳伦斯，堪萨斯大学出版社，1995 年。

加布里埃尔·高尔戴特斯盖:《惊世骗局：斯大林与德国入侵》，巴黎，佩兰出版社，2011 年。

海因茨·古德里安:《装甲领导者》，波士顿，达卡普出版社，2001 年。

弗朗茨·哈尔德:《哈尔德战争日记：(1939 年～1942 年)》，诺瓦托，要塞出版社，1988 年。

马可·哈里森:《二战经济学：概览》，www2.warwick.ac.uk.

约翰·海沃德:《止步于斯大林格勒：帝国空军和希特勒在东线的失败(1942 年～1943 年)》，劳伦斯，堪萨斯大学出版社，1998 年。

安德烈亚斯·希尔格鲁伯:《希特勒的战略》，波恩，伯纳德和格雷夫出版社，1993 年。

阿道夫·希特勒:《我的奋斗》，巴黎，新拉丁出版社，1934 年。

曼弗雷德·克莱格:《斯大林格勒：战争档案解析》，斯图加特，德意志印书馆，1974 年。

伊恩·克肖:《希特勒》，伦敦，企鹅出版社，2009 年。

——《神秘的元首》，巴黎，弗拉玛里翁出版集团，2006 年。

——《决定命运的选择：改变世界的十个决定》，伦敦，企鹅出版社，2007 年。

圭多·诺普:《希特勒的帮凶》，巴黎，葛兰西出版社，1999 年。

伯努瓦·勒梅:《埃里希·冯·曼施坦因》，巴黎，佩兰出版社，2010 年。

塞缪尔·刘易斯:《斯大林格勒战役》，战争研究所，堪萨斯莱文沃思，2002 年。

让·洛佩兹:《处于战争边缘的斯大林格勒》，巴黎，经济出版社，2008 年。

玛格丽特·麦克米兰:《和平的缔造者们》，巴黎，袖珍书籍出版社，2001年。

埃里希·冯·曼施坦因:《失去的胜利》，明尼阿波利斯，真力时出版社，2004年。

马克·马佐尔:《希特勒的帝国：纳粹是如何统治欧洲的？》，纽约，企鹅出版社，2008年

凯瑟琳·梅里代尔:《伊万的战争：生死红军（1939年～1945年）》，纽约，都市出版社，2006年。

塞缪尔·米查姆:《希特勒的陆军元帅以及他们战役》，兰哈姆，库珀广场出版社，2001年。

瓦尔特·戈利茨:《保卢斯与斯大林格勒》，巴黎，阿尔戴姆费耶德出版社，1961年。

克劳斯·赖因哈特:《莫斯科——转折点：希特勒在1941年“冬季风暴”行动中的失败》，牛津，牛津大学出版社，1992年。

杰弗里·罗伯茨:《苏联与二战起源：苏德关系和通往战争之路（1933年～1941年）》，伦敦，贝德福德圣马丁出版社，1995年。

——《斯大林格勒的胜利》，伦敦：朗文出版社，2002年。

莫里斯·瓦伊斯，伯纳·顾南:《隆美尔：没有仇恨的战争》，巴黎，新世界出版社，2010年。

阿尔伯特·施佩尔:《第三帝国内幕》，伦敦，麦克米伦出版社，1970年。

大卫·斯塔赫尔:《巴巴罗萨计划与德军在东线惨败》，剑桥，剑桥大学出版社，2009年。

艾伦·约翰，珀西瓦尔，泰勒:《二战的起源》，纽约，西蒙舒斯特出版社，2005年。

沃尔夫冈·韦尔滕：《第16装甲师的历史（1939年～1945年）》，巴德诺海姆，伯德赞帕拉斯出版社，1958年。

约阿希姆·维德：《斯大林格勒或者士兵的责任》，巴黎，阿尔宾米歇尔出版社，1983年。

厄尔·兹默克，麦格纳·鲍尔：《从莫斯科到斯大林格勒：东线的决定》，纽约，希波克里尼出版社，1989年。

文章

大卫·格兰茨："1941年的莫斯科"载于《轴心国和同盟国》，第17期，2009年11月～12月号，第48页～49页。

鲍里斯·洛朗："通往斯大林格勒之路"载于《轴心国和同盟国》，第12期（特刊），2009年11月号。

——"1942年的哈尔科夫：德军设陷苏联红军"载于《轴心国和同盟国》，第28期，2011年11月～12月号，第42页～65页。

让·洛佩兹："斯大林格勒战役：一场无谓的战争"，载于《轴心国和同盟国》，第13期，2009年2月～3月号，第40页～67页。

——"希特勒攻打斯大林：巴巴罗萨行动：极其激烈的战役"，载于《战争与历史》，2011年第2期，第30页～55页。

菲利普·理查尔多："东线战场：一场全面战争史（1941年～1945年）"，载于《轴心国和同盟国》，第7期（特刊），2008年12月号。

——"列宁格勒战役：900天的围困"，载于《轴心国和同盟国》，第21期，2009年7月～8月号，第40页～49页。